C.H.BECK WISSEN

in der Beck'schen Reihe

Stonehenge im südwestenglischen Wiltshire wenige Kilometer nördlich von Salisbury gehört zu den bekanntesten und zugleich rätselhaftesten Denkmälern der europäischen Vorgeschichte. Seine Anfänge reichen ins 3. Jahrtausend v. Chr. zurück. Ähnlich wie die großen Pyramiden von Gize ist Stonehenge weit über die Grenzen der Fachwissenschaften hinaus zum Sinnbild einer Kultur und einer Epoche geworden, und ähnlich wie die Pyramiden von Gize gab und gibt auch Stonehenge Anlaß zu zahllosen Mutmaßungen, Theorien und Spekulationen. Das vorliegende Buch bietet einen Überblick über die Erkenntnisse der modernen Archäologie, Vorgeschichtsforschung, Vergleichenden Religions- und Geschichtswissenschaft und präsentiert sie in allgemeinverständlicher Form. Im Zentrum stehen sowohl die vorgeschichtliche Anlage und ihre Umgebung als auch deren kulturelles Umfeld. Darüber hinaus bietet es eine Übersicht über das Nachleben dieser berühmtesten prähistorischen Steinsetzung in Kunst, Literatur und Film.

Bernhard Maier ist Professor für Keltisch an der Universität Aberdeen. Im Verlag C. H. Beck sind von ihm lieferbar: *Die Kelten. Ihre Geschichte von den Anfängen bis zur Gegenwart* (^{2}2003); *Die Religion der Kelten* (^{2}2004); *Kleines Lexikon der Namen und Wörter keltischen Ursprungs* (^{2}2004); *Die Religion der Germanen* (2003).

Bernhard Maier

STONEHENGE

Archäologie, Geschichte, Mythos

Verlag C.H. Beck

Mit 21 Abbildungen und Karten

Originalausgabe

Gesamtherstellung: Druckerei C.H.Beck, Nördlingen
Umschlagmotiv: Stonehenge, akg-images, Berlin
Umschlagentwurf: Uwe Göbel, München
Printed in Germany
ISBN 3 406 50877 4

www.beck.de

Inhalt

Vorwort

Stonehenge im südwestenglischen Wiltshire wenige Kilometer nördlich von Salisbury gehört zu den bekanntesten, meistzitierten, meistbesuchten, am häufigsten abgebildeten, am intensivsten diskutierten und zugleich rätselhaftesten Denkmälern der europäischen Vorgeschichte. Ähnlich wie die großen Pyramiden von Gize ist Stonehenge weit über die Grenzen der Fachwissenschaften hinaus zum Sinnbild einer Kultur und einer Epoche geworden, und ähnlich wie die Pyramiden von Gize gab und gibt auch Stonehenge Anlaß zu zahllosen Mutmaßungen, Theorien und Spekulationen.

Das vorliegende Buch sucht die Erkenntnisse der modernen Archäologie, Vorgeschichtsforschung, Vergleichenden Religions- und Geschichtswissenschaft über Stonehenge zusammenzufassen und in einer allgemeinverständlichen Form darzubieten. Es behandelt sowohl die vorgeschichtliche Anlage und ihre Umgebung als auch deren kulturelles Umfeld. Darüber hinaus bietet es in einem Abriß der Rezeptions- und Forschungsgeschichte eine Übersicht über das neuzeitliche Nachleben dieser berühmtesten prähistorischen Steinsetzung. Vollständigkeit wurde angesichts des geringen Umfangs des Bandes weder angestrebt noch erreicht. Ich hoffe jedoch, daß die Leser wenn nicht alle, so doch die meisten der vielfältigen Vorstellungen, die sie mit Stonehenge verbinden mögen, in der einen oder anderen Weise berücksichtigt finden.

Bernhard Maier

I. Das vorgeschichtliche Stonehenge

In den vergangenen tausend Jahren, aus denen uns schriftliche Zeugnisse der Beschäftigung mit Stonehenge vorliegen, hat man vor allem folgende Fragen gestellt: Was ist Stonehenge? Wie ist die Anlage entstanden? Wer hat sie gebaut? Wozu diente sie? Diesen vier Fragen, von denen die erste am leichtesten und die letzte am schwierigsten zu beantworten ist, widmet sich der erste Teil des vorliegenden Buchs.

1. Die Anlage

Stonehenge ist die heute allgemein übliche Bezeichnung einer vorgeschichtlichen Anlage, die – umgeben von zahlreichen weiteren prähistorischen Denkmälern – rund 130 Kilometer westlich von London und knapp 50 Kilometer nördlich der Kanalküste in dem als *Salisbury Plain* bekannten Kreidekalk-Hügelland der Grafschaft Wiltshire gelegen ist. Der Name begegnet erstmals im 12. Jahrhundert in den Schreibungen *Stanheng*, *Stanhenge* und *Stanhenges*. Er setzt sich zusammen aus den beiden (alt-)englischen Wörtern für «Stein» und «hängen» und bezieht sich entweder darauf, daß in der Anlage mehrere waagerecht liegende Decksteine über aufrecht stehenden Tragsteinen wie die Tür in einer Angel «hängen» oder daß die Verbindung von zwei senkrecht stehenden Steinen mit einem darüber liegenden waagerechten Stein den mittelalterlichen Betrachter von der Form her an einen der zu jener Zeit üblichen Galgen erinnerte. Tatsächlich findet man den Vergleich mit einem Galgen schon in der ersten ausführlichen Beschreibung der Anlage aus der zweiten Hälfte des 16. Jahrhunderts.

Im archäologischen Sprachgebrauch bezeichnet man heute ausgehend vom Namen Stonehenge auch andere kreisrunde oder leicht ovale Steinsetzungen der Vorgeschichte als Henge-

Denkmäler (*henge monuments*). So etwa entdeckte man 1925 circa drei Kilometer nordöstlich von Stonehenge zwischen den heutigen Ortschaften Larkhill und Amesbury aufgrund von Luftaufnahmen eine Vielzahl von Pfostenlöchern, die in sechs leicht ovalen Ringen angeordnet waren, weshalb die einst von Wall und Graben umgebene Anlage heute unter dem Namen *Woodhenge* bekannt ist. 1999 stieß man nach klimabedingten Änderungen der Sandformationen an der Nordseeküste beim Dorf Holme-next-the-Sea im ostenglischen Norfolk auf *Seahenge*, die durch Salzwasser konservierten Überreste eines Kreises aus 55 Eichenpfosten, deren Mittelpunkt eine umgedrehte, mit den Wurzeln nach oben in den Boden eingelassene Eiche bildete. Im Hinblick auf diese erweiterte Verwendung des Wortes *Henge* sei hier ausdrücklich darauf hingewiesen, daß die ursprünglich für den Namen verantwortliche Verwendung waagerechter Decksteine eine Besonderheit von Stonehenge darstellt, die anderen vom Grundriß her vergleichbaren Anlagen fehlt.

Der Steinkreis

Für den heutigen Besucher – oder Betrachter – besteht Stonehenge in erster Linie aus einem Kreis von teils aufrecht stehenden, teils umgestürzten Steinen. Seit den Untersuchungen des Archäologen Flinders Petrie gegen Ende des 19. Jahrhunderts hat es sich eingebürgert, diese Steine mit fortlaufenden Nummern zu bezeichnen, um eine möglichst präzise Beschreibung zu ermöglichen (vgl. Abbildung 1).

Wer sich der Anlage von außen nähert, stößt zunächst auf die rechteckig zugehauenen Steine Nr. 1–30, die zusammen einen Kreis von rund 30 Metern Durchmesser bilden. Jeder dieser Steine – mit Ausnahme des deutlich schmaleren und kürzeren Steins Nr. 11 – ist rund einen Meter dick, ungefähr zwei Meter breit und erhebt sich rund vier Meter über den Erdboden. Zwischen den einzelnen Steinen klafft eine Lücke von ungefähr einem Meter. Auf allen diesen Tragsteinen lagen einst waagerechte Decksteine, von denen sich jedoch nur sechs noch immer in ihrer ursprünglichen Lage befinden. Dabei handelt es sich um

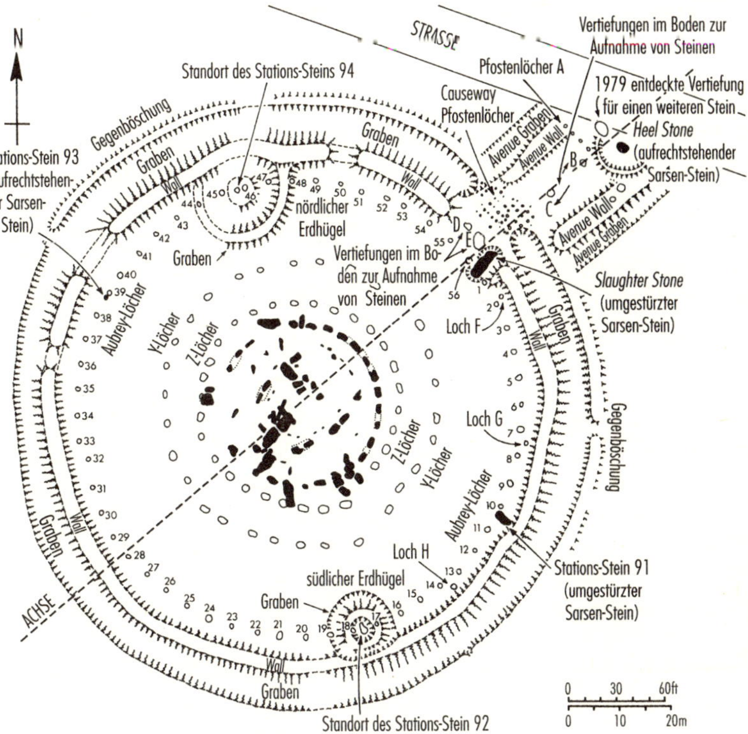

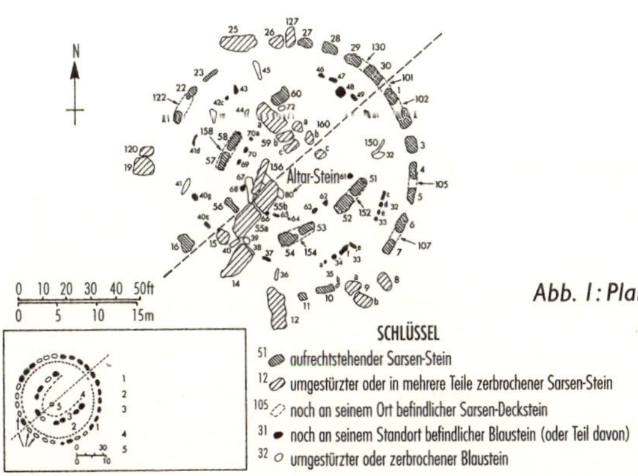

Abb. 1: Plan von Stonehenge

Nr. 122 (über Nr. 21 und 22) im Nordwesten, Nr. 105 und 107 (über Nr. 4 und 5 bzw. 6 und 7) im Südosten sowie Nr. 130, 101 und 102 (über Nr. 29 und 30, 30 und 1 sowie 1 und 2) im Nordosten. Bei den Steinen handelt es sich um eine unter dem örtlichen Namen *Sarsen* bekannte Sandsteinart. Ursprünglich rotbraun, haben die Sarsen-Steine von Stonehenge durch den Bewuchs mit Flechten eine grau-grüne Färbung angenommen.

Unmittelbar innerhalb des Sarsen-Steinkreises befindet sich ein nicht ganz regelmäßiger und unvollständiger Kreis aus zumeist unbehauenen, sehr viel kleineren und aufrecht stehenden Steinen (Nr. 31–49 und 150) ohne darüber gelegte Decksteine. Die meisten davon sind ungefähr zwei Meter hoch, ungefähr einen Meter breit und rund 75 Zentimeter dick. Im Gegensatz zum äußeren Kreis der Sarsen-Steine bestehen die nach ihrer vorherrschenden Färbung so bezeichneten Blausteine aus unterschiedlichen Gesteinsarten, sogenanntem Eruptivgestein. Ursprünglich bestand der Kreis wohl aus rund 60 dieser Blausteine, von denen jedoch nur noch sechs aufrecht stehen.

Innerhalb des Kreises aus Blausteinen befinden sich fünf rechteckig zugehauene, symmetrisch angeordnete und seit dem 18. Jahrhundert so genannte Trilithe (griechisch «Dreisteine») in der Form eines nach Nordosten offenen Hufeisens. Jeder dieser Trilithe bestand ursprünglich aus zwei senkrecht stehenden Tragsteinen mit einem darübergelegten Deckstein. Die Tragsteine sind im Hinblick auf ihre Breite und Dicke mit denen des äußeren Steinkreises vergleichbar, doch ist der Abstand zwischen den paarweise angeordneten Steinen deutlich geringer. Die Höhe der Trilithe ist uneinheitlich: Ist das Paar im Nordosten und Südosten (an den beiden Enden des Hufeisens) rund sechs Meter hoch, so ist das nächste Paar bereits deutlich höher. Der Trilith im Südwesten, gegenüber der Öffnung des Hufeisens, erhebt sich schließlich zu einer Höhe von über sieben Metern. Alle 15 Steine sind vor Ort erhalten geblieben, befinden sich jedoch nur noch zum Teil in ihrer ursprünglichen Lage. Noch immer aufrecht mitsamt den darüber gelegten Decksteinen stehen der Trilith am südöstlichen Ende des Hufeisens (Nr. 51, 52 und 152) sowie die beiden mittleren Trilithe (Nr. 53,

54 und 154 sowie 57, 58 und 158). Von dem Trilithen am nordöstlichen Ende des Hufeisens steht nur noch einer der beiden Tragsteine (Nr. 60), während der andere (Nr. 59) jetzt ebenso wie der dazugehörige Deckstein (Nr. 160) in drei Teile zerborsten auf der Erde liegt. Von dem größten, der Öffnung des Hufeisens gegenüberliegenden Trilithen steht ebenfalls nur noch einer der beiden Tragsteine (Nr. 56). Der umgestürzte zweite Tragstein (Nr. 55) liegt in zwei Teile zerbrochen zusammen mit dem dazugehörigen Deckstein (Nr. 156) über dem zumeist «Altar-Stein» (*Altar Stone*) genannten Stein Nr. 80. Dieser stand ursprünglich wohl aufrecht, liegt inzwischen aber – ebenfalls in zwei Teile zerborsten – im Inneren des Hufeisens auf der Erde. Bei der Gesteinsart handelt es sich um einen blaugrauen Sandstein, dessen Herkunft vermutlich in der Gegend von Milford Haven in Südwestwales zu suchen ist. Innerhalb der fünf hufeisenförmig angeordneten Sarsen-Trilithe befindet sich ein weiteres, unvollständiges Hufeisen aus einzelnen, aufrecht stehenden Blausteinen (Nr. 61–72) ohne darüberliegende Decksteine. Die Höhe dieser Blausteine nimmt ebenso wie die der Sarsen-Trilithe nach Südwesten hin zu, wobei der größte erhaltene Blaustein des Hufeisens ungefähr 2,40 Meter hoch ist.

Um die technische Leistung der Erbauer gebührend zu würdigen, sei an dieser Stelle noch auf einige Details hingewiesen, die bei einer Begehung und auf vielen Fotos nicht auf den ersten Blick erkennbar sind. So etwa sind die aufrechtstehenden Sarsen-Blöcke des Steinkreises und des Hufeisens nicht genau rechteckig zugehauen, sondern verjüngen sich leicht nach oben hin, möglicherweise um bei dem Betrachter vor Ort die optische Illusion einer noch größeren Höhe zu erzielen. Auch die Längsseiten der Decksteine des Steinkreises verlaufen nicht parallel, sondern sind genau der Krümmung des Kreises angepaßt. Wie man an einigen Stellen – etwa bei dem noch aufrechtstehenden großen Tragstein des mittleren Trilithen und dem dazugehörigen, jetzt auf dem Boden liegenden Deckstein – sehen kann, liegen die Decksteine auch nicht einfach nur auf den Tragsteinen auf, sondern sind wie in der Holzbauweise durch Zapfen (an den Tragsteinen) und entsprechende Zapfenlöcher (an den

Decksteinen) miteinander verbunden. Darüber hinaus greifen die Decksteine auch durch eine vertikale Spundung an ihren Schmalseiten ineinander. Indem man Tragsteine mit leicht unterschiedlicher Höhe mehr oder weniger tief in den Erdboden einließ, stellte man sicher, daß der Ring der Decksteine sich überall in gleicher Höhe über dem Boden erheben würde.

Wälle, Gräben und weitere Steine

Wie man insbesondere auf Luftaufnahmen mit schräg einfallendem Sonnenlicht klar erkennen kann, befinden sich alle bisher beschriebenen Steine im Mittelpunkt einer – inzwischen stark abgetragenen – kreisrunden Einfriedung aus Wall und Graben mit einem inneren Durchmesser von über 100 Metern. Im Nordosten, also dem größten Trilithen und der Öffnung der beiden Hufeisen gegenüberliegend, werden Wall und Graben von einem ungefähr 10 Meter breiten Damm unterbrochen. Hier mündet die ungefähr 20 Meter breite, von parallelen Wällen und Gräben flankierte und als breite Straße von Nordosten nach Südwesten verlaufende sogenannte *Avenue* in den Steinkreis. Sie bildet auf dieser letzten Wegstrecke die Verlängerung der – durch die Öffnung und den Scheitelpunkt des Hufeisens bezeichneten – axialen Ausrichtung der Anlage, die augenscheinlich entweder nach Nordosten auf den Sonnenaufgang zum Zeitpunkt der Sommersonnenwende hin oder – in genau entgegengesetzter Richtung – nach Südwesten auf den Sonnenuntergang zum Zeitpunkt der Wintersonnenwende hin orientiert war. Einige hundert Meter weiter knickt die *Avenue* dann erst nach Osten und später nach Südosten ab, um am Ufer des Flusses Avon zu enden.

Außerhalb des Kreises der Sarsen-Steine, aber innerhalb der Einfriedung und der *Avenue* befinden sich vier weitere markante Steine, die – ebenso wie der «Altar-Stein» (Nr. 80) – seltener mit Nummern als vielmehr mit phantasievollen, erst neuzeitlich belegten Namen bezeichnet werden. An erster Stelle steht hier der *Slaughter Stone*, ein über 2 × 7 Meter großer, am südöstlichen Rand des Dammes flach auf der Erde liegender Sarsen-

Stein mit zahlreichen Vertiefungen. Seine neuzeitliche Deutung als «Opferstein» verdankt er zweifellos den zahlreichen Vertiefungen in seiner Oberfläche, in denen sich nach Niederschlägen das Regenwasser gleich dem Blut von Opfertieren (oder menschlichen Opfern) sammelt. Tatsächlich dürfte jedoch auch dieser Stein ursprünglich aufrecht gestanden haben, was eine Funktion als Opfertisch praktisch ausschließt. Ungefähr 30 Meter vom *Slaughter Stone* entfernt, steht nicht ganz in der Mitte der Avenue der sogenannte *Heel Stone*, ein über fünf Meter hoher, unbehauener Sarsen-Stein. Einer weit verbreiteten, doch ebenfalls erst neuzeitlich belegten Anschauung zufolge bezeichnete er den Ort an dem zum Zeitpunkt der Sommersonnenwende, vom Mittelpunkt der Anlage aus betrachtet, die Sonne aufging. Dies ist jedoch zweifellos falsch, da die Sonne – ungeachtet der axialen Ausrichtung der Anlage insgesamt – etwa zwei Meter weiter nördlich aufgeht. Wie neuere archäologische Untersuchungen ergaben, befand sich neben dem *Heel Stone* aber noch ein zweiter, heute verlorener Stein, so daß die Sonne zur Sommersonnenwende vielleicht genau zwischen diesen beiden Steinen aufging. Parallel zur Achse der Anlage befanden sich unmittelbar an der Innenseite des Walles im Nordwesten und Südosten der Anlage je zwei der insgesamt vier sogenannten *Station Stones*. Von ihnen sind jedoch nur zwei (Nr. 93 im Nordwesten aufrecht und – ihm schräg gegenüber – Nr. 91 im Südosten auf der Erde liegend) heute noch vorhanden.

Zwischen der Einfriedung und dem Ring der Sarsen-Steine entdeckte man bereits in der frühen Neuzeit drei konzentrische Kreise von Erdlöchern, die man heute – von außen nach innen – als Aubrey-Löcher, Y-Löcher und Z-Löcher bezeichnet. Die Position der – nach dem Altertumsforscher John Aubrey benannten – Aubrey-Löcher wird an der Ostseite durch kreisrunde Betonmarkierungen im Boden bezeichnet. Dagegen sind die Y- und Z-Löcher heute im Gelände nicht mehr sichtbar und können nur noch auf Plänen der Anlage eingesehen werden. Dies gilt auch für einige weitere, von den modernen Archäologen mit lateinischen Großbuchstaben bezeichnete Vertiefungen im Boden, die von den Archäologen zwar nachgewiesen, aber nur teilweise gedeutet werden konnten. Soweit es sich um Löcher zur Aufnahme hölzerner Pfosten handelt, könnte man bei ihnen vielleicht an vorübergehend im Zuge der Bauarbeiten errichtete Gerüste oder aber an – inzwischen vollständig vergangene – dauerhafte hölzerne Einbauten denken.

Denkmäler der näheren Umgebung

Zu den bemerkenswertesten Ergebnissen der archäologischen Forschung des 20. Jahrhunderts gehört die Einsicht, daß die Errichtung der oben beschriebenen Anlage nicht zu einem bestimmten Zeitpunkt, sondern über einen Zeitraum von vielen hundert Jahren hinweg erfolgte. Dies legt einen Vergleich mit mit den großen mittelalterlichen Sakralbauten nahe, die ja auch häufig Vorgängerbauten aus der Antike oder gar aus der vorchristlichen Vergangenheit fortsetzen und in vielen Fällen noch immer zu liturgischen Zwecken genutzt werden. Hilfreich für das Verständnis dieses Phänomens ist in den meisten Fällen eine genauere Betrachtung der Gesichtspunkte, die für die Wahl eines bestimmten Standorts ausschlaggebend waren. Im Falle von Stonehenge steht zu vermuten, daß diese Wahl unter anderem durch die räumliche Nähe weiterer, vorausgehender Anlagen mit einem rituellen oder zeremoniellen Hintergrund bestimmt wurde. Bevor daher im folgenden Kapitel eine Übersicht über die Entstehungsgeschichte von Stonehenge gegeben werden soll, sei der Blick an dieser Stelle auf die Denkmäler der näheren Umgebung gerichtet.

Als eines der ältesten vorgeschichtlichen Denkmäler aus der ersten Hälfte des vierten Jahrtausends v. Chr. liegt auf einer leichten Anhöhe ungefähr fünf Kilometer nordwestlich von Stonehenge innerhalb eines militärischen Übungsgeländes die heute als *Robin Hood's Ball* bekannte vorgeschichtliche Wallanlage. Dabei handelt es sich um eine sogenannte *causewayed enclosure*, bestehend aus zwei unregelmäßigen Ringen aus Wällen und Gräben, die ein Gelände von ungefähr drei Hektar umschließen. Wie die Wahl des Standorts zeigt, sollte die Anlage aus südöstlicher Richtung möglichst weithin sichtbar sein, so daß der ursprüngliche Wald in dieser Gegend vermutlich bereits damals weithin gelichtet war. Wie Ausgrabungen in den 60er Jahren des 20. Jahrhunderts ergaben, war das Gelände auf dem Hügel erst kurze Zeit vor der Errichtung der Anlage gerodet worden. Der innere Wall, der ein Gelände von ungefähr einem Hektar umschließt, ist heute weitgehend eingeebnet und kaum noch sichtbar. Besser erhalten ist der ungefähr 30 Meter davon entfernte äußere Wall mit vorgelagertem Graben. Zu den festgestellten Besiedelungsspuren zählen Keramikscherben, Feuersteinwerkzeuge, Holzkohle sowie Knochen von Rindern, Schafen und Schweinen. Ein Vergleich der Keramik mit Funden aus Cornwall läßt darauf schließen, daß die Menschen jener Zeit weitreichende Handelsverbindungen pflegten. Wie ein Blick auf die prähistorische Landkarte des vierten Jahrtausends v. Chr. zeigt, ist Robin Hood's Ball nur eine aus einer ganzen Reihe von Einfriedungen, zu der außerdem noch Windmill Hill im Norden sowie Whitesheet Hill, Hambledon Hill und Maiden Castle im Südwesten gehören.

Alle genannten Einfriedungen sind umgeben von sogenannten *long barrows*, langgezogenen und oftmals von Gräben flankierten Erdhügeln mit einer Länge von 20–80 Metern. Viele davon erwiesen sich im Zuge der archäologischen Untersuchung als kollektive Grabstätten, gelegentlich versehen mit Einbauten aus Holz oder Stein. In einigen Fällen ließen sich jedoch keine Gräber nachweisen, so daß diese Denkmäler auch eine repräsentative Funktion gehabt haben dürften. Dies geht nicht zuletzt daraus hervor, daß ihre beeindruckende Größe oftmals in keinem Verhältnis zu der vergleichsweise geringen Anzahl der darin beigesetzten Personen steht. Grundsätzlich ist dabei davon auszugehen, daß nur eine relativ kleine Auswahl von Personen der Beisetzung in diesen Hügeln für würdig befunden wurde. Die Verteilung der *long barrows* im Gelände und ihre oft exponierte, weithin sichtbare Lage gab zu der Vermutung Anlaß, daß sie einerseits im Zusammenhang mit einer Art Ahnenkult stehen, andererseits zugleich den Besitzanspruch (der Nachfahren) auf ein bestimmtes Territorium dokumentieren sollten. In dieser Hinsicht unterscheidet sich das Grabbrauchtum der jungsteinzeitlichen Ackerbauer und Viehzüchter deutlich von dem der alt- und mittelsteinzeitlichen Jäger und Sammler, denen eine vergleichbar enge Bindung an ein bestimmtes Territorium aufgrund ihrer völlig verschiedenen Wirtschaftsweise noch unbekannt war. Man vermutet, daß die längeren Hügel mit parallelen Gräben an den beiden Längsseiten zuerst errichtet wurden. Später ging man dann zur Errichtung kürzerer Hügel über, bei denen die beiden Gräben an der einen Seite der Aufschüttung u-förmig miteinander verbunden wurden.

Nach Errichtung der großen *long barrows*, in der mittleren Jungsteinzeit, wurde der heute so genannte *Cursus* angelegt. Dabei handelt es sich um eine rund 100 Meter breite und knapp drei Kilometer lange, aus Wall und Graben bestehende Einfriedung, die sich in west-östlicher Richtung rund 800 Meter nördlich von Stonehenge erstreckt und an ihrem östlichen Ende nur wenige Meter vor einem *long barrow* endet. Heute im Gelände kaum noch sichtbar und nur aus der Luft deutlich zu erkennen, war der Graben ursprünglich wohl drei Meter breit und einen Meter tief, der Wall ungefähr einen Meter hoch. Die heute übliche lateinische Bezeichnung wurde im 18. Jahrhundert geprägt, als man die Anlage – etwa nach dem Vorbild des römischen Circus maximus – als eine Art Rennbahn ansah. Welchen Zwecken sie wirklich diente, ist jedoch völlig unbekannt, da bislang keine archäologischen Funde gemacht wurden, die Hinweise auf ihre Nutzung ergaben. Gleichwohl geht man heute ganz allgemein von einer rituellen oder zeremoniellen Funktion aus, wobei den beiden Enden des Cursus im Hinblick auf ihre erhöhte topographische Lage vielleicht eine besondere Bedeutung zukam. Nordwestlich von Stonehenge und weniger als einen Kilometer Luftlinie von dem soeben beschriebenen Cursus entfernt, befand sich auf der Kuppe eines niedrigen Hügels ein weiteres, kleineres Denkmal dieser Art. Es ist heute jedoch völlig eingeebnet und nur noch auf Luftaufnahmen zu erkennen. Wie daraus hervorgeht, war dieser zweite, kleinere Cursus ursprünglich etwa 400 Meter lang.

Aus der späten Jungsteinzeit, also aus dem dritten Jahrtausend v. Chr., stammen die nach Stonehenge so genannten *henge monuments* – Umfriedungen mit Wall und Graben, die sich im

Unterschied zu den älteren *long barrows* durch ihre annähernd runde oder ovale Form auszeichnen. Coneybury Henge, in der näheren Umgebung die kleinste Anlage dieser Art, liegt in südöstlicher Richtung kaum mehr als einen Kilometer Luftlinie von Stonehenge entfernt. Wie 1980 durchgeführte archäologische Ausgrabungen und geophysikalische Untersuchungen ergaben, wurde die Anlage mit Wall und Graben in der ersten Hälfte des dritten Jahrtausends v. Chr. inmitten einer Waldlichtung angelegt. Zahlreiche Pfostenlöcher lassen auf hölzerne Einbauten schließen, und der Eingang lag – wie bei Stonehenge – im Nordosten. 1980 entdeckte man im Zuge der geophysikalischen Untersuchung des Geländes unmittelbar neben der Anlage eine Grube, die im vierten Jahrtausend v. Chr. angelegt worden war. Hier förderte die archäologische Ausgrabung große Mengen von Feuersteinwerkzeugen, Gefäßscherben sowie Knochen von Haus- und Wildtieren zutage, die man als Überreste eines großen, vermutlich rituellen Festessens oder einer ganzen Serie solcher Veranstaltungen deutet.

Mit Coneybury Henge vergleichbar ist die Anlage von Woodhenge, deren Bedeutung erstmals 1925 durch Luftaufnahmen erkannt wurde. Sie ist ungefähr drei Kilometer nordöstlich von Stonehenge auf einer Anhöhe mit Blick über den Fluß Avon gelegen. Im Inneren der annähernd kreisrunden Einfriedung, deren Eingang ebenfalls im Nordosten lag, stellte man im Zuge der archäologischen Untersuchung zahlreiche Pfostenlöcher mit unterschiedlichem Durchmesser fest, die in sechs nicht ganz regelmäßigen konzentrischen Kreisen angeordnet waren. Ihre Position wurde nach dem Abschluß der Ausgrabungen durch niedrige Betonklötze unterschiedlichen Durchmessers markiert und ist dementsprechend noch heute im Gelände gut sichtbar. In der Nähe des Kreismittelpunkts entdeckten die Archäologen das Skelett eines ungefähr dreijährigen Mädchens, dessen Schädel entweder im Rahmen des Bestattungszeremoniells oder aber – was letztlich wahrscheinlicher ist – im Zuge eines Opferrituals gespalten worden war. Die Vermutung liegt nahe, daß es sich dabei um ein Bauopfer bei der Errichtung der Anlage handelte, wie dies aus vergleichbaren Zusammenhängen gut bezeugt ist.

Ob die einst vorhandenen hölzernen Pfosten unterschiedlicher Größe eine rituelle Bedeutung besaßen oder aber das Gerüst eines vielleicht strohgedeckten Gebäudes mit rundem Innenhof bildeten, entzieht sich unserer Kenntnis.

Unmittelbar nördlich von Woodhenge befindet sich mit einem Durchmesser von ungefähr 470 Metern noch die sehr viel größere, ebenfalls annähernd kreisrunde Einfriedung von Durrington Walls, die ein Areal von rund 12 Hektar umschließt. Wie die archäologische Untersuchung ergab, war der heute nur mehr einen Meter hohe Wall ursprünglich wohl mindestens vier Meter hoch, der vorgelagerte Graben sechs Meter tief. Ins Innere gelangte man durch zwei Eingänge, von denen der eine im Nordwesten und der andere ihm unmittelbar gegenüber im Südosten unweit dem Ufer des Flusses Avon angelegt worden war. Möglicherweise besaß die Anlage zumindest teilweise zeremonielle oder rituelle Funktionen, doch hat man darüber hinaus auch eine profane Bedeutung als Siedlungsmittelpunkt in Erwägung gezogen. So stellte man im Inneren der Einfriedung an mehreren Stellen konzentrische Kreise von Pfostenlöchern fest, deren Durchmesser zum Kreismittelpunkt hin zunahm. Die Vermutung liegt nahe, daß die einst darin befindlichen Pfosten eine stroh- oder riedgedeckte Dachkonstruktion trugen. Möglicherweise diente die Einfriedung unter anderem als Verladeplatz von Gütern, die man mit leichten Booten auf dem Fluß Avon transportierte.

Neben den bisher genannten jungsteinzeitlichen Denkmälern befinden sich in der näheren Umgebung von Stonehenge schließlich noch zahlreiche Hügelgräber (*round barrows*), die man in das frühe zweite Jahrtausend v. Chr., also in die frühe Bronzezeit datiert. Im allgemeinen unterscheidet man bei ihnen mehrere Formen, darunter die *bowl barrows* (einache, zumeist von einem Graben umgebene Erdhügel), *bell barrows* (Anlagen mit einer flachen Böschung zwischen Graben und Hügel) und *pond barrows* (kreisrunde, von einem umlaufenden Wall gesäumte Vertiefungen). Die meisten dieser Gräber wurden weithin sichtbar auf Höhenzügen und in Gruppen angelegt. Von Stonehenge aus betrachtet zählen dazu im Osten die Gruppe der *King Barrows*, im Süden die *Normanton Down Barrows* und – weiter entfernt – *Wilsford Barrows*, im Westen die *Winterbourne Stoke Crossroads Barrows* und im Norden – unmittelbar südlich des *Cursus* – die *Cursus Barrows*. Auffälligerweise fehlen diese Gräber in der unmittelbaren Nähe der Anlage, begegnen dann aber in einem Abstand von 1,5–2,5 Kilometern in einer besonders hohen Konzentration, die in größerer Entfernung zu Stonehenge wieder abnimmt. Im Unterschied zu den älteren *long barrows* der Jungsteinzeit zeichnen sich die *round barrows* der frühen Bronzezeit durch mitunter überaus reiche Grabbeigaben aus – früheste Belege für die Ausbildung eines Grabbrauchtums als Spiegel einer hierarchischen Gesellschaftsordnung. Zu den bekanntesten Gräbern dieser Art zählt der bereits 1808 entdeckte Bush Barrow, ein Grabhügel aus der ungefähr einen Kilometer südlich von Stonehenge gelegenen Normanton Down Gruppe. Es enthielt neben dem Skelett eines hochgewachsenen und kräftigen Mannes unter anderem die Überreste einer aus Holz und Bronze gefertigten Kopfbedeckung, eine Bronze-Axt, zwei aus Kupfer und Bronze gefertigte Dolche, eine goldene Gürtelschnalle sowie eine Art Zeremonialstab oder Szepter.

Wie bereits aus dieser – keineswegs vollständigen – Aufzählung hervorgeht, liegt Stonehenge also inmitten einer Landschaft, in der man von der frühen Jungsteinzeit bis in die Bronzezeit auf vergleichsweise engem Raum eine weit überdurchschnittliche Zahl religiöser Denkmäler errichtete. Es steht daher zu vermuten, daß die Wahl des Standorts für das heute bekannteste Monument jener Zeit weniger von irgendwelchen topographischen Besonderheiten als vielmehr von der traditionellen rituellen Nutzung dieser Landschaft und ihrer anhaltenden Verbindung mit religiösen Denkmälern unterschiedlicher Art bestimmt wurde.

2. Die Baugeschichte

Das vorige Kapitel beschrieb den heute sichtbaren Zustand von Stonehenge, wie er sich seit den archäologischen Ausgrabungen und denkmalpflegerischen Maßnahmen des 20. Jahrhunderts dem Besucher darbietet. Wann und wie aber ist die

Anlage entstanden? Eine Antwort auf diese Frage gibt die Archäologie, deren Vertreter sich dabei auf Rückschlüsse aus den Überresten selbst, weiteren Funden aus der näheren Umgebung, ferner auf die Resultate der Radiokarbon-Datierung sowie vergleichende Beobachtungen an zeitgenössischen Steinsetzungen und schließlich auf Ergebnisse der experimentellen Archäologie stützen können.

Das älteste Stonehenge

Als älteste Spuren der Anwesenheit des Menschen in Stonehenge entdeckte man 1966 bei der Anlage des Besucherparkplatzes drei nur wenige Meter voneinander entfernte Pfostenlöcher. Wie die archäologische Untersuchung ergab, enthielten sie noch immer Reste der großen Kiefernstämme, die einst darin verankert worden waren. Diese erlaubten mit Hilfe der Radiokarbon-Methode – bei der das Alter einer organischen Substanz mit Hilfe der Zerfallswerte des radioaktiven Kohlenstoffisotops C14 bestimmt wird – eine Datierung in die Zeit um 8000–7000 v. Chr., also in die Mittlere Steinzeit, als die Landschaft um Stonehenge noch von einem dichten Nadelwald bedeckt gewesen sein dürfte. Was die mesolithischen Jäger und Sammler dazu veranlaßte, diese Stämme aufzurichten, ist unbekannt. Möglicherweise dienten sie kultischen Zwecken, vielleicht hatten sie aber auch praktische Bedeutung als eine Art Markierung oder Wegweiser. Der große zeitliche Abstand zu den erst jungsteinzeitlichen rituellen Aktivitäten in der Region macht einen Zusammenhang oder eine Kontinuität damit in jedem Fall unwahrscheinlich.

Die früheste Phase der uns bekannten Anlage bezeichnet der um 3000 v. Chr. angelegte kreisrunde Graben mit einem Wall auf der Innenseite und einer – sehr viel niedrigeren – Gegenböschung auf der Außenseite. Zu diesem Zweck schlug man vermutlich als erstes einen Pflock in die Erde und beschrieb mit einem daran befestigten 55 Meter langen Seil einen Kreis, indem man in kleinen Abständen mit Hilfe eines weiteren Pflocks am anderen Ende des Seils Markierungen im Erdreich anbrachte. Nachdem man das Seil auf etwas über 60 Meter verlängert hatte, beschrieb man dann vom gleichen Mittelpunkt aus einen weiteren Kreis. Auf diese Weise bestimmte man den äußeren und inneren Rand des Grabens. Vermutlich mit hölzernen Spaten trug man als nächstes die Rasensoden innerhalb der beiden Kreislinien ab, schichtete sie außerhalb des Kreises auf und bedeckte sie mit der obersten Schicht des Erdreichs im Graben. Zur weiteren Aushebung des Grabens verwendete man Spitzhacken aus Hirschgeweih sowie Schulterblätter von Rindern und vielleicht hölzerne Schaufeln, die jedoch nicht erhalten geblieben sind. Wie der leicht unregelmäßige Verlauf der Grabenränder vermuten läßt, gruben einzelne Arbeiter um sich selbst herum mit ihren Spitzhacken Vertiefungen, die man dann nachträglich miteinander verband. Zur Aufschüttung des Walles im Inneren des Grabens füllte man den Aushub in lederne Säcke oder geflochtene Körbe. Da man die oberste Schicht des Erdreichs zur Anlage der Gegenböschung außerhalb des Kreises verwendet hatte, bestand der eigentliche Wall nur aus Kreide und war daher von leuchtend weißer Farbe. Dies trug wesentlich dazu bei, daß die Anlage in der Landschaft weithin sichtbar war, könnte darüber hinaus aber auch eine religiöse Symbolik beinhaltet haben.

Sehr wahrscheinlich wurden diese Arbeiten nicht zügig von eigens dafür abgestellten Arbeitskräften bewältigt. Vielmehr ist davon auszugehen, daß kleine Gruppen aus der gesamten Bevölkerung der Umgebung über einen längeren Zeitraum hinweg neben anderen gemeinschaftlich durchgeführten Projekten damit beschäftigt waren. Nach Beendigung der Arbeiten verwendete man zumindest einige der Spitzhacken aus Hirschgeweih nicht weiter, sondern legte sie auf der Sohle des Grabens nieder, wo sie von den Archäologen rund 5000 Jahre später gefunden wurden. Dies läßt vermuten, daß nicht erst die fertige Einfriedung, sondern schon die Planung und Durchführung der Arbeiten für ihre Anlage von religiösen Riten begleitet waren. Der Haupteingang lag wie noch in späterer Zeit im Nordosten, doch konnte man durch einen schmaleren Eingang auch von Süden ins Innere der Einfriedung gelangen. In den Grabenabschnitten unweit des Eingangsbereichs fand man zahlreiche Knochen von Haus- und Wildtieren, was auf eine besondere Bedeutung des Betretens und Verlassens der Anlage schließen läßt.

Aus der ersten Phase der Anlage stammt auch der Kreis der nach ihrem Entdecker benannten Aubrey-Löcher, der konzentrisch zu dem durch Wall und Graben beschriebenen Kreis verläuft und aller Wahrscheinlichkeit nach mit ihm zusammen angelegt wurde. So regelmäßig der von den Löchern beschriebene Kreis mit einem Durchmesser von rund 43 Metern ist, so unregelmäßig sind indessen die einzelnen Löcher selbst: Ihr Durchmesser schwankt zwischen 80 und über 100 Zentimetern, und ihre Tiefe variiert von 60 bis 110 Zentimetern. Ursprünglich dienten diese Löcher vielleicht zur Aufnahme von Steinen oder hölzernen Pfosten, doch erscheint auch eine Nutzung als Opfergruben denkbar. In späterer Zeit wurden sie jedenfalls im Rahmen eines Bestattungsrituals für die Beisetzung der Asche verwendet. Weitere bauliche Strukturen im Inneren der Einfriedung sind aus dieser ältesten Phase nicht sicher zu belegen, und auch Spuren periodisch wiederkehrender religiöser Handlungen (wie z. B. Opferungen oder gemeinschaftliche Mahlzeiten) wurden nicht gefunden. Erwähnt sei in diesem Zusammenhang immerhin noch, daß die ungefähr 20 Kilometer weiter nördlich gelegene prähistorische Anlge von Avebury mit einem vier mal größeren Durchmesser ungefähr um die gleiche Zeit angelegt wurde. Obschon Stonehenge also schon in dieser frühesten für uns faßbaren Gestalt eine ebenso hohe Arbeitsleistung erforderte wie alle *long barrows* in seiner Umgebung zusammen genommen, war seine Anlage doch keineswegs einmalig.

In der zweiten Phase der Anlage wurde der nordöstliche Zugang mit seiner Ausrichtung auf den Sonnenaufgang zur Sommersonnenwende hin verändert, indem man Wall und Graben nördlich des Eingangsbereichs leicht erweiterte und gleichzeitig den Wall im Süden des Eingangs abtrug und den dazugehörigen Teil des Grabens auffüllte. Darüber hinaus wurde zumindest ein Teil des als *Avenue* bekannten Zugangswegs angelegt. Vergleichbare Zugangswege, die vermutlich rituellen oder zeremoniellen Zwecken dienten, kennt man auch von anderen Henge-Denkmälern der späten Jungsteinzeit und frühen Bronzezeit wie etwa Avebury, Stanton Drew bei Bristol und Callanish auf der Hebriden-Insel Lewis. Möglicherweise war die Avenue von Stonehenge einst von Steinen gesäumt, wie man dies unter anderem bei vergleichbaren südwalisischen Steinsetzungen kennt. Erhalten geblieben ist davon jedoch nichts. Aus dem Inneren der Anlage liegen aus dieser zweiten Phase zahlreiche Hinweise auf hölzerne Einbauten vor, deren Gestalt und Zweck sich jedoch nicht sicher bestimmen läßt. Augenfällig ist indessen die Verwendung von Stonehenge als einer Grabstätte für Brandbestattungen, wofür man sowohl die Aubrey-Löcher als auch den Graben nutzte. Wahrscheinlich wurden in dieser Phase auch bereits die ersten Steinsetzungen vorgenommen, die in ihrer ursprünglichen Gestalt jedoch nicht erhalten geblieben sind.

Die Errichtung der Steine

Die dritte Phase von Stonehenge ist gekennzeichnet durch die Aufstellung der teilweise noch heute vorhandenen Steine. Dabei liegt eine wesentliche Besonderheit von Stonehenge in dem Umstand, daß diese Steine nicht vor Ort zur Verfügung standen, sondern aus zum Teil erheblicher Entfernung herbeigeschafft werden mußten.

Wie man schon im 16. Jahrhundert feststellte, stammen die großen Sarsen-Steine aller Wahrscheinlichkeit nach aus den Hügeln der Marlborough Downs in der Nähe von Avebury ungefähr 30 Kilometer nördlich von Stonehenge. Dort konnte man vergleichbare Blöcke bis in die Neuzeit in größerer Zahl unmittelbar an der Erdoberfläche finden. Grundsätzlich konnten Güter aus dieser Region über mehr als die Hälfte dieser Strecke auf dem Fluß Avon transportiert werden, der aus dem Vale of Pewsey in südlicher Richtung nur wenige Kilometer östlich von Stonehenge an Amesbury vorbei in Richtung Salisbury fließt. Für die über 20 Tonnen schweren Sarsen-Blöcke kam dies jedoch wegen der geringen Wassertiefe und der zahlreichen Flußbiegungen nicht in Betracht, so daß der Transport über Land erfolgen mußte. Aller Wahrscheinlichkeit nach kannten die Bewohner der Region um Stonehenge zu dieser Zeit bereits das Rad, doch kam die Verwendung eines nur aus Holz gebauten Fahrzeugs mit hölzernen Scheibenrädern wiederum wegen des Gewichts der Sarsen-Blöcke nicht in Frage. Daß man die Steine lediglich auf untergelegten Rollen fortbewegt habe, ist indessen ebenfalls unwahrscheinlich, da sie auf diese Weise in unwegsamem Gelände kaum hätten manövriert werden können. Sehr wahrscheinlich transportierte man die Steine also auf großen Schlitten mit untergelegten Rollen, die an Seilen aus Leder oder Tierhaar gezogen wurden. Möglicherweise schlug man dabei sogleich eine südliche Richtung ein und folgte im weiteren dem Lauf des Flusses Avon. Denkbar erscheint aber auch, daß man einer von mehreren weiter westlich gelegen Routen folgte, die zwar den Transportweg verlängerten, dafür aber den Vorteil geringerer Steigung boten.

Ob die Sarsen-Blöcke alle auf einmal oder nacheinander in gewissen Abständen von den Marlborough Downs nach Stonehenge gebracht wurden, entzieht sich unserer Kenntnis. Im Hinblick auf den gewaltigen Arbeitsaufwand läßt sich vermuten, daß der Transport zu einer Zeit erfolgte, in der die Bewohner der Region um Stonehenge weniger stark von ihren landwirtschaftlichen Aktivitäten beansprucht wurden. Möglicherweise erfolgte der Transport also im Herbst nach Einbringung der Ernte oder auch im Winter, wenn der gefrorene Boden und vielleicht sogar eine leichte Schneedecke die Fahrt des Schlittens mit seiner tonnenschweren Last begünstigten. Ob mehrere hundert Menschen oder einige Dutzend Rinder den Schlitten zogen, ist ebenfalls unbekannt. Zweifellos jedoch stellte die Organisation sowohl der beachtlichen Anzahl von Tieren als auch der sehr viel größeren Menge von Menschen für die kleinräumig organisierten bäuerlichen Gesellschaften jener Zeit eine erhebliche Herausforderung dar.

Um das Transportgewicht zu verringern, hatte man die Sarsen-Blöcke vermutlich schon an ihrem Ursprungsort grob zugehauen. Vor Ort wurden die Steine dann in die gewünschte Form gebracht und geglättet. Für die Bearbeitung verwendete man unterschiedlich große Werkzeuge aus der gleichen, extrem harten Sandsteinart, von denen einige vor Ort gefunden wurden. Wie die geologische Untersuchung ergab, kamen einige der zur Bearbeitung verwendeten Steinwerkzeuge aus einer Entfernung von bis zu 17 Kilometern südwestlich von Stonehenge. Dies läßt darauf schließen, daß auch die an der Anlage beteiligten Arbeiter aus einem größeren Umkreis in Stonehenge zusammenkamen. Um die Bearbeitung zu erleichtern, wurden einige der Steine vielleicht auch mit der zu bearbeitenden Seite über einem offenen Feuer erhitzt und dann mit kaltem Wasser übergossen, um sie zu spalten. Die Aufstellung der Steine läßt sich anhand des archäologischen Befundes sowie vergleichender Beobachtungen mit einiger Wahrscheinlichkeit wie folgt rekonstruieren:

Um den Kreis der Sarsen-Blöcke aufzustellen, mußte man zunächst den geometrischen Mittelpunkt der schon vorhandenen Einfriedung bestimmen. Wie man dabei verfuhr, läßt sich heute nicht mehr mit Sicherheit ermitteln, doch ging man dabei vielleicht von den vier *Station Stones* aus: Der Schnittpunkt zweier Seile, die diagonal von Nr. 91 zu Nr. 93 und von Nr. 92 zu Nr. 94 gespannt wurden, bezeichnete den Mittelpunkt, von dem aus alle – damals noch als Vertiefungen im Boden klar sichtbaren – Aubrey-Löcher gleich weit entfernt waren. An dem auf diese Weise bestimmten Mittelpunkt schlug man dann einen Pflock ein. Mit Hilfe eines daran befestigten Seils konnte man dann – wie schon Jahrhunderte zuvor bei der Anlage von Wall und Graben – den Durchmesser des Steinkreises festlegen. Symmetrisch zur axialen Ausrichtung der gesamten Anlage bestimmte man dann den Standort der fünf hufeisenförmig angeordneten Trilithe. Dabei ist im Hinblick auf den geringen Abstand zwischen den Trilithen und den Sarsen-Blöcken des sie umgebenden Steinkreises davon auszugehen, daß die Tragsteine der Trilithen vor denen des Steinkreises aufgestellt wurden.

Um die Tragsteine aufzustellen, wurde zunächst eine Fundamentgrube ausgehoben, von deren beiden Längswänden die eine senkrecht und die andere schräg in Form einer abschüssigen Rampe verlief. Nachdem man die senkrechte Gruben-

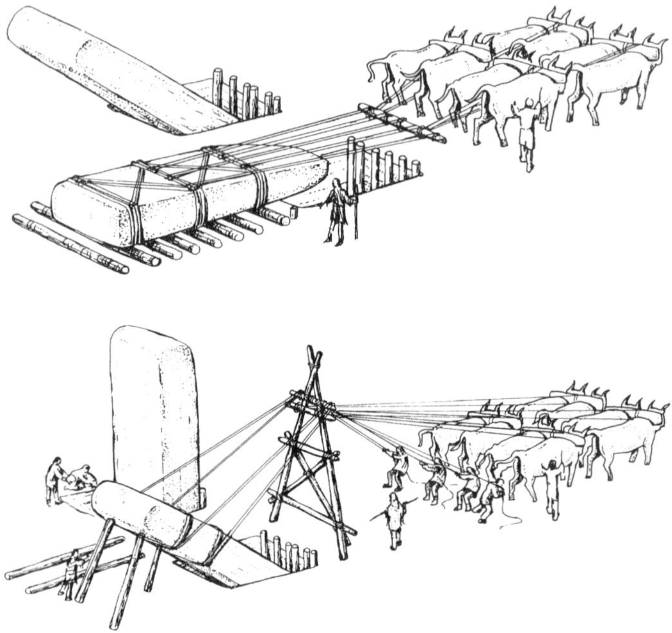

Abb. 2: Transport und Aufrichtung der Sarsen-Steine

längswand mit einer Reihe hölzerner Pfähle verstärkt hatte, wurde der aufzurichtende Stein mit dem unteren Ende voran auf Rollen über den gegenüberliegenden Grubenrand mit der Rampe geschoben. Indem man das obere Ende des Steines hochstemmte, neigte sich das untere Ende in die Grube. Mit Hilfe von Hebeln aus hölzernen Stangen und Seilen wurde der nunmehr schräg auf der Rampe liegende Stein sodann langsam aufgerichtet. Nachdem man ihn in die gewünschte aufrechte Stellung gebracht hatte, wurde die Grube am unteren Ende mit einer Steinpackung und einem Teil des Aushubs aufgefüllt und der Boden festgestampft (vgl. Abbildung 2). Im Hinblick auf das große Gewicht der Tragsteine und den weichen Untergrund ließ man nach der Aufstellung vermutlich einige Zeit vergehen, damit sich die Sarsen-Blöcke ausreichend setzen konnten.

Um einen Deckstein auf zwei Tragsteine aufzulegen, erscheinen zwei verschiedene Vorgehensweisen denkbar. Die erste Möglichkeit bestand darin, an der einen Seite der Tragsteine eine Rampe aufzuschütten und den Tragstein darauf an Seilen und auf untergelegten Rollen zu der erforderlichen Höhe emporzuziehen. Die Rampe wurde dann nach der Verwendung wieder abgetragen. Denkbar erscheint jedoch auch die Verwendung eines vorübergehend errichteten Gerüsts. In diesem Fall wurde der betreffende Stein zunächst unmittelbar vor die beiden Tragsteine gelegt. Dann hob man erst das eine, dann das andere Ende des Steines mit Hebeln an, wobei man an beiden Enden Vierkanthölzer unterlegte. Nachdem man den Stein dadurch einige Zentimeter über den Erdboden angehoben hatte, baute man rings um den Deckstein und die beiden Tragsteine aus kreuzweise verlegten Hölzern und darübergelegten Brettern eine Plattform, über die der Deckstein wiederum mit Hebeln erst an dem einen und dann an dem anderen Ende angehoben und mit untergelegten Hölzern in dieser erhöhten Position fixiert wurde. Durch die mehrfache Wiederholung dieses Vorgangs erhoben sich sowohl der Deckstein als auch die ihn umgebende Plattform immer höher über den Erdboden. Sobald der Deckstein mit seiner Unterkante unmittelbar über den Oberkanten der Tragsteine lag, wurde er wiederum mit Hilfe von Hebeln in der Waagerechten verschoben, bis er auf den Tragsteinen auflag. Die Aufstellung der Sarsen-Steine fällt nach der neuesten Radiokarbon-Datierung in die Zeit zwischen 2440 und 2100 v. Chr.

Im Unterschied zur Herkunft der Sarsen-Steine war der Ursprung der Blausteine von Stonehenge noch zu Beginn des 20. Jahrhunderts unbekannt. Erst vor ungefähr 80 Jahren glaubte man feststellen zu können, daß sie aufgrund ihrer geologischen Beschaffenheit aus den Preseli-Bergen in Südwales stammen müßten, wo man entsprechende Blöcke in verschiedenen Größen und Formen unmittelbar an der Erdoberfläche finden kann. Diese Annahme blieb jedoch nicht unwidersprochen, da ein solcher Transport in der Jungsteinzeit ohne Beispiel war, angesichts der beschränkten technischen Möglichkeiten jener

Zeit kaum vorstellbar schien und obendrein keinen nachvollziehbaren Sinn erkennen ließ. Ein alternativer Erklärungsvorschlag ging dahin, daß die Blausteine während der Eiszeit im Zuge der Vergletscherung in die Umgebung von Stonehenge gelangt und von den Erbauern der Anlage also vor Ort vorgefunden worden seien. Dies erscheint jedoch kaum glaubhaft, da überzeugende Hinweise auf eine Vergletscherung fehlen und klare Belege für die Existenz weiterer Blausteine in der Umgebung von Stonehenge bislang nicht gefunden wurden. Die meisten Archäologen gehen daher davon aus, daß die Blausteine tatsächlich aus den südwalisischen Preseli-Bergen stammen (vgl. Abbildung 3).

Wie neuere mineralogische Untersuchungen gezeigt haben, konnten die meisten der in Stonehenge verwendeten Blausteine in unmittelbarer Nähe des weithin sichtbaren Gipfels von Carnmenyn gefunden werden. Unklar ist dabei, ob man sie als Rohmaterial vorfand oder ob sie bereits an ihrem Ursprungsort

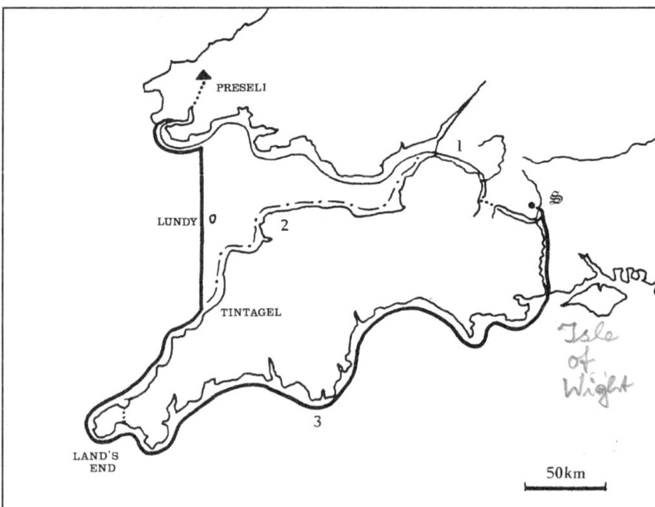

Abb. 3: Drei mögliche Transportwege der Blausteine nach Stonehenge

einen Steinkreis bildeten. In der Tat kennt man aus der Nähe von Carnmenyn mehrere prähistorische Steinsetzungen, darunter die Steinkreise von Meini Gwyr, Gors Fawr und Dyffryn Syfynwy. Ob man den dafür verwendeten Blausteinen eine besondere Bedeutung beimaß oder ob man ganz einfach auf die nächstliegende Gesteinsart zurückgriff, entzieht sich unserer Kenntnis. Doch selbst wenn die Blausteine für die Bevölkerung vor Ort keine besondere Bedeutung gehabt haben sollten, könnten sie für die Menschen im weit entfernten Stonehenge eine solche Bedeutung angenommen haben.

Die kürzeste Route von Carnmenyn zum Meer verläuft in nördlicher Richtung zur Bucht von Cardigan. Mit Sicherheit kannte man jedoch bereits damals die Gefahren, die ein Transport rund um die Südwestspitze von Wales mit den unsicheren Strömungsverhältnissen zwischen dem Festland und einigen vorgelagerten Inseln mit sich gebracht hätte. Sehr wahrscheinlich wurden die Blausteine daher auf einer alternativen süd-westlichen Route zunächst mit Hilfe von Schlitten und Rollen bis zum Ufer des Flusses Cleddau gebracht. Dort verlud man sie auf Flöße oder mehrere miteinander verbundene Boote, mit denen man die Steine entlang der Küste bis zur Insel Caldey im Bristol-Kanal brachte. Von dort verlief die Fahrt entweder weiter in östlicher Richtung bis nach Newport oder aber in südlicher Richtung und dann um die Küste von Cornwall herum. Für den letzten Teil der Reise sind wiederum mehrere alternative Routen denkbar, die jeweils das Vorhandensein schiffbarer Flüsse ausnutzen und steile Abhänge nach Möglichkeit vermeiden.

Der neuesten Radiokarbon-Datierung zufolge fällt die Aufstellung sowohl des Blaustein-Kreises als auch des Blaustein-Hufeisens in den Zeitraum von 2300–1900 v. Chr. Dies bedeutet jedoch nicht, daß alle noch vorhandenen Blausteine auf einmal nach Stonehenge gelangt sein müssen. In der Tat erscheint es durchaus möglich, daß jeweils nur einige wenige Blausteine über einen längeren Zeitraum hinweg aus den Preseli-Bergen nach Stonehenge gebracht wurden. Im übrigen liegen verschiedene, im einzelnen schwer deutbare Hinweise darauf vor, daß die heute sichtbare Positionierung dieser Steine nicht die erste, sondern die letzte in einer ganzen Reihe darstellt. Noch im frühen zweiten Jahrtausend v. Chr. wurden innerhalb des Steinkreises die konzentrischen Kreise der Y- und Z-Löcher angelegt, die möglicherweise zur Aufnahme weiterer Blausteine oder zur Neupositionierung der bereits vorhandenen dienen sollten, wozu es dann jedoch aus uns unbekannten Gründen nicht mehr kam.

Die Neufunde des dritten Jahrtausends

Ein ebenso unerwartetes wie spektakuläres zusätzliches Argument erhielt die Theorie von der walisischen Herkunft der Blausteine durch einen Grabfund, der im Mai 2003 im Zuge von Bauarbeiten bei Boscombe Down in der Nähe von Stonehenge gemacht wurde. Dort stieß man bei der Anlage eines Grabens für eine Wasserleitung unversehens auf eine Bestattung aus der frühen Bronzezeit. Wie die Ausgrabung ergab, waren dort um 2300 v. Chr. sieben Personen – drei erwachsene Männer, ein Jugendlicher und drei Kinder – in einem gemeinsamen Grab bestattet worden. Allein dieser Umstand war bereits ungewöhnlich, denn üblicherweise enthalten südenglische Gräber aus der frühen Bronzezeit nur ein oder allenfalls zwei Skelette. Der archäologischen Untersuchung zufolge war hier zunächst ein Mann im Alter von 30–45 Jahren beigesetzt worden. In der Nähe des Kopfes fand man die Überreste dreier Kinder im Alter von 2–7 Jahren, von denen eines vermutlich nachträglich in das Grab eingebracht worden war. Um den Leichnam des Mannes herum hatte man ferner die sterblichen Überreste dreier weiterer Personen – eines Jugendlichen im Alter von 15–18 Jahren und zweier Männer im Alter von 25–30 Jahren beigesetzt. Wie die Anordnung der Knochen vermuten läßt, waren die Leichen dieser Personen zuvor an einem anderen Ort bestattet bzw. aufbewahrt worden. Besonderheiten des Knochenbaus lassen vermuten, daß alle in dem Grab beigesetzten Erwachsenen miteinander verwandt waren. Zu den Grabbeigaben zählten unter anderem fünf Pfeilspitzen aus Feuerstein, welche die hier beigesetzten Personen als «Bogenschützen von Boscombe» (*Boscombe Bowmen*) bekannt werden ließen, sowie acht reich verzierte glockenförmige Tongefäße, wie sie für die sogenannte Glockenbecherkultur am Übergang von der Jungsteinzeit zur Bronzezeit charakteristisch sind. Höchst ungewöhnlich war auch in diesem Fall wiederum die Anzahl dieser Gefäße, von denen man ansonsten nur sehr viel weniger in einem einzigen Grab gefunden hat. Zeigt die Verzierung der Keramik Parallelen zu ähnlichen Funden aus Mitteleuropa, so ließen chemische Untersuchungen am Zahnschmelz der hier beigesetzten Erwachsenen darauf schließen, daß sie ihre frühe Kindheit nicht in der Nähe von Stonehenge, sondern in Nordwestengland, Nordwales oder Südwestwales verbracht hatten. Dies schließt man aus dem hohen Anteil an radioaktivem Strontium im Zahnschmelz, das während der Ausbildung der bleibenden Zähne mit dem Trinkwasser in den Organismus gelangte. Die Vermutung liegt nahe, daß die Anwesenheit der hier beigesetzten Personen in Stonehenge im Zusammenhang mit dem Transport der Blausteine stand, die ungefähr um diese Zeit in ihrer noch heute sichtbaren Anordnung aufgestellt wurden.

Bereits ein Jahr vor der Entdeckung der *Boscombe Bowmen* hatten Archäologen bei Amesbury ungefähr fünf Kilometer südöstlich von Stonehenge einen ähnlich bedeutenden Fund gemacht. Hier stieß man bei archäologischen Untersuchungen im Vorfeld von Bauarbeiten auf das am reichsten ausgestattete Grab, das bis dahin aus der frühen Bronzezeit Englands bekannt geworden war. Mit ungefähr 100 Objekten enthält es annähernd zehnmal soviele Beigaben wie vergleichbare Gräber jener Zeit. Bei dem darin beigesetzten Toten handelt es sich dem Skelett nach zu urteilen um einen 35–45jährigen, kräftig gebauten Mann, der an einem Abszeß am Kiefer litt und darüber hinaus bei einem Unfall einige Jahre vor seinem Ableben die linke Kniescheibe verloren und davon ein steifes Bein zurückbehalten hatte. Überraschenderweise stammte er nach Ausweis der chemischen Untersuchung seines Zahnschmelzes nicht aus der Umgebung von Stonehenge, sondern aus der Schweiz, Österreich oder dem bayerischen Alpenvorland. Neben 16 Pfeilspitzen aus Feuerstein, die den Toten als «Bogenschützen von Amesbury» (*Amesbury Archer*) bekannt machten, enthielt das Grab unter anderem die ältesten Goldobjekte, die bis heute aus England bekannt geworden sind. In unmittelbarer Nähe entdeckten die Archäologen das Grab eines weiteren, jüngeren Mannes, der nach Ausweis der Knochenfunde ein Verwandter des *Amesbury Archer* und vielleicht dessen Sohn war. Bemerkenswerterweise ließ die chemische Untersuchung des Zahnschmelzes in diesem Fall jedoch darauf schließen, daß die hier beigesetzte Person in Südengland aufgewachsen war.

Im Hinblick auf Stonehenge werfen diese Grabfunde ein helles Licht auf die bis dahin namen- und gesichtslosen Erbauer der Anlage. Sie veranschaulichen einerseits weitreichende Kultur- und Handelsbeziehungen am Übergang von der Jungsteinzeit zur Bronzezeit, werfen andererseits aber auch zahlreiche Fragen auf. Um hier einer Antwort näherzukommen, richtet sich der Blick im folgenden Kapitel auf die Kultur der Menschen, die Stonehenge über einen Zeitraum von vielen hundert Jahren hinweg anlegten und nutzten.

3. Die Erbauer und ihre Kultur

Insgesamt sind auf den Britischen Inseln ungefähr 700 Steinkreise erhalten geblieben (vgl. Abbildung 4). Sie alle stammen aus der späten Jungsteinzeit, weshalb an dieser Stelle eine kurze Übersicht über die materielle Kultur dieser Epoche gegeben werden soll.

Mensch und Umwelt

Wohl um 8000 v. Chr., also in der Mittleren Steinzeit, wurde die Landbrücke zwischen der späteren Insel Britannien und dem europäischen Festland durch den steigenden Meeresspiegel nach dem Ende der vorerst letzten Eiszeit dauerhaft unterbrochen. Um diese Zeit durchzogen vermutlich nur kleine Gruppen von Jägern und Sammlern die Region um Stonehenge. Ein dichter Urwald bedeckte um diese Zeit noch fast die gesamte Insel, und nur vereinzelt wurden kleinere Flächen – vielleicht durch Brandrodung – gelichtet, um Jagdwild anzulocken. Birken und Kiefern waren um diese Zeit nur noch in den höher-

Abb. 4: Die Steinkreise der Britischen Inseln

gelegenen Regionen Schottlands verbreitet, während die meisten Regionen Südenglands vor allem von Eichen, Erlen, Haseln und Linden bestanden waren.

Grundsätzliche Veränderungen im Verhältnis des Menschen zu seiner Umwelt vollzogen sich ungefähr seit 4000 v. Chr. durch die Einführung des Ackerbaus und der Viehzucht, die nach der allmählichen Ausbreitung von ihrem vorderorientalischen Ursprungsgebiet über ganz Mitteleuropa nunmehr auch die Britischen Inseln erreichten. Sehr wahrscheinlich landeten um diese Zeit etliche Neuankömmlinge mitsamt ihrem Saatgut und ihren Haustieren in großen, fellbespannten Booten an der britische Küste. Die ersten neolithischen Siedlungen entstanden daher wohl in unmittelbarer Küstennähe, wo unbewaldete Flächen zur Verfügung standen und der Fischfang einen weiteren Beitrag zur Sicherung des Lebensunterhalts leisten konnte. Langfristig beruhte der Übergang zur neuen Wirtschaftsweise wohl zumindest teilweise auf der Übernahme entsprechender Kenntnisse und Fertigkeiten durch die alteingesessene Bevölkerung. Im Zuge dieser Entwicklung wurden erstmals auch größere Flächen gerodet und einer dauerhaften Nutzung als Acker- oder Weideland unterworfen. Paläobiologische Untersuchungen der Vegetation lassen darauf schließen, daß das Klima auf den Britischen Inseln in der Jungsteinzeit und frühen Bronzezeit feuchter, aber auch ungefähr zwei bis drei Grad wärmer war als heute. Wie Knochen von Wildtieren und Überreste von Wildfrüchten in jungsteinzeitlichen Siedlungen zeigen, erfolgte die Umstellung von einer Wirtschaftsweise auf die andere ganz allmählich, und neben den frühen Ackerbauern dürften über einen längeren Zeitraum hinweg auch kleinere Gemeinschaften von Jägern und Sammlern die Britischen Inseln durchstreift haben. Im allgemeinen unterscheidet man heute eine frühneolithische und eine spätneolithische Phase, wobei man den Übergang in die zweite Hälfte des 4. Jahrtausends v. Chr. datiert.

Die ersten Ackerbauer rodeten zunächst kleine Flächen, die mitunter nur einige Jahre lang genutzt und dann wieder aufgegeben wurden. Dauerhaft bewirtschaftete man nur besonders ergiebige Böden, wobei vor allem Emmer, Einkorn und Gerste angebaut wurden. Flachs diente möglicherweise sowohl der Ölgewinnung als auch der Herstellung von Textilien. Entsprechende Spuren im Gelände lassen darauf schließen, daß man den Boden zunächst mit einem einfachen, möglicherweise von Rindern gezogenen Pflug aufbrach und dann mit hölzernen Spaten und Hacken für die Aussaat vorbereitete. Geerntet wurde vermutlich mit sichelähnlichen Erntemessern aus Feuerstein. Nach der Ernte wurden die Ähren gedroschen und geworfelt, und der von der Spreu getrennte Weizen in mit Lehm und Flechtwerk ausgekleideten Vorratsgruben gelagert. Mehl gewann man, indem man den Weizen zwischen zwei Steinen zerrieb.

Das wichtigste und am weitesten verbreitete Haustier der frühen Ackerbauer war allem Anschein nach das Rind, das mit seinen langen Hörnern noch dem in den Wäldern verbreiteten Wildrind ähnelte. Daneben hielt man Schafe, Ziegen und Schweine. Fettreste aus steinzeitlichen Gefäßen lassen darauf schließen, daß man eine ausgedehnte Milchwirtschaft betrieb. Hunde verschiedener Größe dienten vermutlich in erster Linie als Hüte-, Wach- und Jagdhunde. Nach Ausweis der Knochenfunde starben einige von ihnen in hohem Alter, so daß sie in ihren letzten Lebensjahren vermutlich weniger wegen ihres praktischen Nutzens als vielmehr aus einer gewissen Anhänglichkeit ihrer Besitzer gehalten worden sein dürften. Eine gewichtige Rolle spielte außerdem nach wie vor die Jagd auf Wildtiere. Fleisch wurde vermutlich über offenen Feuern gebraten oder in Wasser, das man mit glühenden Steinen erhitzte, gekocht. In der späten Jungsteinzeit waren nach Ausweis der archäologischen Funde auch Öfen aus Lehm in Gebrauch. In dieser Zeit scheint die Bedeutung der Viehzucht gegenüber dem Ackerbau gestiegen zu sein. Eine wichtige Rolle spielten dabei insbesondere Schweine, die man zur Weide in die Wälder trieb. Nicht von ungefähr ließ man daher vielerorts einst als Ackerland genutzte Flächen erneut vom Wald überwachsen. In einigen dichter besiedelten Regionen praktizierte man vermutlich Transhumanzwirtschaft, wobei man Rinder und Schafe während des Sommers in höhergelegenen Regionen weiden ließ, um sie im Herbst wieder auf im Tal gelegene Weideflächen zu treiben.

Häuser und Siedlungen

Soweit bekannt, wohnten die frühen Ackerbauer und Viehzüchter der Britischen Inseln in Häusern mit rechteckigem Grundriß, die in der Regel einer ganzen Großfamilie Platz boten. Wie man aufgrund der Pfostenlöcher für die Außenwände vermuten kann, waren diese Häuser in der Regel 4–5 Meter breit und 5–9 Meter lang. Der Abstützung des Giebeldachs diente eine dritte, einfache oder doppelte Pfostenreihe in der Mitte des Hauses. Wie noch in der unmittelbar vorrömischen Eisenzeit bestanden die Wände aus Holz oder lehmbestrichenem Flechtwerk. Die Dächer waren vermutlich mit Baumrinde, Schilf oder Stroh gedeckt. Einzelhöfe scheinen die Regel gewesen zu sein, doch konnte man vereinzelt auch ganze Dörfer aus solchen Häusern nachweisen. Mitunter findet man im Zuge archäologischer Untersuchungen auch Siedlungsspuren wie etwa Keramikscherben und andere Abfälle, ohne daß sich Pfostenlöcher nachweisen ließen. In einigen dieser Fälle steht zu vermuten, daß die dazugehörigen Häuser überhaupt keine Pfostenkonstruktion aufwiesen, sondern aus aufgeschichteten Rasenstücken errichtet wurden und ein Dach aus Flechtwerk besaßen. In der späten Jungsteinzeit finden sich neben Häusern mit einem rechteckigen Grundriß immer wieder auch Rundhäuser, wie sie dann noch später in der frühen Bronzezeit allgemein vorherrschen sollten (vgl. Abbildung 5). Im Unterschied zu den durchweg eher kleinen rechteckigen Gebäuden weisen einige dieser spätjungsteinzeitlichen Rundhäuser einen beträchtlichen Durchmesser auf, was auf die gemeinschaftliche Nutzung durch mehrere Großfamilien schließen läßt.

Die charakteristische vergängliche Bauweise der weitaus meisten neolithischen Häuser und Siedlungen, das Fehlen realistischer zeitgenössischer Abbildungen und das Beharrungsvermögen antiker Klischeevorstellungen von einer uranfänglichen Zivilisationslosigkeit haben in gleicher Weise dazu beigetragen, daß man sich die Wohnkultur der jungsteinzeitlichen Ackerbauer und Viehzüchter – ebenso wie ihre Kleidung – noch immer übertrieben einfach vorstellt. Tatsächlich ist davon auszugehen,

Abb. 5: Eine bronzezeitliche Siedlung

daß die Menschen der Jungsteinzeit über eine beeindruckende Vielfalt praktischer Kenntnisse und Fertigkeiten verfügten und ästhetische wie auch praktische Bedürfnisse gleichermaßen zu ihrem Recht gelangen ließen. Eine eindrucksvolle, wenn auch nicht in jeder Hinsicht typische Bestätigung dieser Vermutung liefert die 1850 entdeckte neolithische Siedlung von Skara Brae auf den Orkney-Inseln. Nachdem ein Sturm eine hohe Sanddüne teilweise abgetragen hatte, fand man dort zehn um 3000 v. Chr. aus Steinen ohne Mörtel errichtete Häuser mit einem jeweiligen Innenraum von vier mal fünf Metern. Obschon die Dächer nirgends erhalten geblieben waren, standen die rund ein Meter dicken Mauern zum Teil noch bis zu einer Höhe von drei Metern, was zumindest in einem Fall auf das Vorhandensein eines Obergeschosses schließen läßt. Mehrere steinerne Innenbauten werden als Feuerstellen, Betten und Schränke gedeutet, und jeder Raum besaß genau eine Tür, die mit einem Riegel verschlossen werden konnte und sich – wohl zum Schutz gegen die Unbilden der Witterung – zu einer der schmalen Gassen zwischen den Häusern öffnete.

Handwerk und Handel

Zu den wichtigsten neolithischen Werkstoffen zählt der Feuerstein (auch Flint oder Silex genannt). Er kommt als Sedimentgestein in unregelmäßig geformten Knollen vor und wurde vor allem in Süd- und Ostengland schon in der Jungsteinzeit im Tagebau gewonnen. Zu diesem Zweck grub man mit Steinäxten und Grabwerkzeugen aus Hirschgeweih tiefe Schächte in den Boden, wobei eingekerbte Baumstämme als Leitern und simple Öllampen als Beleuchtung gedient haben mögen. Den Aushub beförderte man vermutlich mit Hilfe von Seilen in Körben an die Oberfläche. Wird Feuerstein heute vor allem in gemahlener Form als Schleifmittel und im Straßenbau verwendet, so diente er in der Steinzeit aufgrund seiner großen Härte und berechenbaren Spaltbarkeit vor allem zur Herstellung von Waffen und Werkzeugen. Zur Bearbeitung des Feuersteins verwendete man je nach dem gewünschten Resultat bzw. dem erforderlichen Werkzeug eine Vielzahl unterschiedlicher Schlag-, Druck- und Bohrtechniken. Dabei ließ das Fehlen qualitativ hochwertiger Feuersteine in einigen Gebirgsregionen der Britischen Inseln einen intensiven, auch über mehrere hundert Kilometer hinweg betriebenen Handel mit Feuersteinwerkzeugen entstehen. Die hohe Bedeutung des Gabentauschs in vielen frühgeschichtlichen, aber auch einigen modernen schriftlosen Gesellschaften läßt vermuten, daß dieser Handel nicht nur praktische Bedürfnisse befriedigte, sondern auch der Etablierung und dem Ausbau gutnachbarschaftlicher Beziehungen zwischen den kleinräumig organisierten Gemeinschaften diente. Auffällig ist der hohe Anteil «exotischer» Steinwerkzeuge in einigen küstennahen Regionen vor allem im Süden und Osten Englands, der die Annahme eines weitgespannten Fernhandelsnetzes nahelegt. Während der weitaus größte Teil der Bevölkerung sein gesamtes Leben in einem überschaubaren geographischen Rahmen in unmittelbarer Nähe des jeweiligen Geburtsortes verbracht haben dürfte, besaß eine kleine Minderheit zweifellos jene ausgedehnten geographischen und verkehrstechnischen Kenntnisse und Erfahrungen, die einen solchen Fernhandel überhaupt erst ermöglichten.

Im Hinblick auf den Transport der Handelsgüter sei in diesem Zusammenhang daran erinnert, daß Wagen mit hölzernen Scheibenrädern erst gegen Ende der Jungsteinzeit aufkamen und wegen des weitgehenden Fehlens geeigneter Verkehrswege vermutlich nur selten eingesetzt werden konnten. Reittiere waren allem Anschein nach völlig unbekannt, so daß sich Reisende auf dem Landweg in der Regel zu Fuß fortbewegten. Schon um 4000 v. Chr. wurden dafür in sumpfigem Gelände hölzerne Bohlenwege angelegt. Auf dem Wasserweg kamen Einbäume sowie fellbespannte Boote zum Einsatz. Die Konzentration bestimmter Fernhandelsgüter in küstennahen Regionen läßt darauf schließen, daß der Seeweg gerade über große Distanzen hinweg bevorzugt wurde, was nicht nur an den fehlenden Straßen, sondern auch an der größeren Gefährdung der fern ihrer Heimat reisenden Händler gelegen haben mag.

Im Zuge der Seßhaftwerdung begegnet im archäologischen Fundgut nun auch erstmals Keramik, die den Jägern und Sammlern der Mittleren Steinzeit noch unbekannt war. Zu ihrer Herstellung verwendete man Ton, der an Flußufern gewonnen, von Hand in die gewünschte Form gebracht und schließlich über offenen Feuern gebrannt wurde. Dabei führten die starken Temperaturschwankungen dazu, daß die Gefäße während des Brennvorgangs zersprangen, wenn man dem Ton nicht Feuerstein, Quarz oder zerstoßene Keramik beimengte. Gut bezeugt sind sowohl Vorrats- als auch Kochgefäße, bei deren chemischer Untersuchung man teilweise noch Spuren des früheren Inhalts nachweisen kann. Beachtung verdient in diesem Zusammenhang der Umstand, daß die runde Form der Tongefäße älter ist als die Einführung der Töpferscheibe. Dies läßt vermuten, daß sich die frühen Töpfer bei ihrer Arbeit von den Formen älterer Behälter etwa aus Leder oder Flechtwerk leiten ließen.

Charakteristische Formen und Verzierungen erlauben dem Archäologen die Unterscheidung und zeitliche Einordnung verschiedener Keramiktypen. Aus der Zeit zwischen 4500 und 3000 v. Chr. stammt die schmucklose Grimston-Lyles Hill Keramik, die nach Fundorten in Nordengland und Nordirland benannt ist, auf den Britischen Inseln jedoch weit darüber hinaus verbreitet war. Charakteristisch für die mittlere und späte Jungsteinzeit ist die dickwandige, mit eingeritzten Mustern verzierte Peterborough Keramik, die erstmals um 3500 v. Chr. in Südengland auftritt, später jedoch in zahlreichen regionalen Variationen auch außerhalb ihres Ursprungsgebiets bezeugt ist. Wenig später begegnet die nach ihren Rillen benannte *Grooved Ware*, die erstmals in der Zeit nach 2900 v. Chr. auftritt und vielerorts zusammen mit der älteren Peterborough Keramik gefunden wurde. Am Ausgang des dritten Jahrtausends v. Chr. begegnet auf den Britischen Inseln erstmals der als «Glockenbecher» (*beaker* oder *bell beaker*) bekannte Gefäßtyp, dessen Auftreten man als Indiz verstärkter kultureller Einflüsse aus Kontinentaleuropa ansieht. Welche Rückschlüsse man aus dem Auftreten bzw. der Ausbreitung neuer Gefäßtypen und Dekorationsformen ziehen kann, ist im übrigen gerade neuerdings stark umstritten: Sah die ältere Forschung darin ein untrügliches Indiz für Bevölkerungsverschiebungen und Wanderungsbewegungen, so rechnet man heute eher mit einer Vielzahl unterschiedlicher Deutungsmöglichkeiten, zu denen nicht zuletzt Handelskontakte und die Nachahmung fremder Vorbilder gehören.

Gräber

Als charakteristische Grabstätten der frühen Jungsteinzeit findet man auf den Britischen Inseln die bereits im ersten Kapitel erwähnten, in exponierter Lage errichteten und daher zumeist weithin sichtbaren länglichen Grabhügel (*long barrows*). Ursprünglich wohl zwischen 1 und 7 Metern hoch, schwankt ihre Länge in der Regel zwischen 20 und 120 Metern, doch begeg-

Abb. 6: Anlage eines Kultplatzes in der Jungsteinzeit

nen vereinzelt auch sehr viel größere Anlagen von über 500 Metern Länge. Das Material zur Aufschüttung gewann man aus Gräben, die man an den beiden Längsseiten des Hügels aushob (vgl. Abbildung 6). Augenscheinlich bevorzugte man bei der Anlage der *long barrows* eine Ost-West-Ausrichtung, doch berücksichtigte man im Einzelfall auch die natürliche Topographie sowie bereits vorhandene Anlagen der Umgebung. Ausgrabungen lassen auf das Vorhandensein hölzerner Vorbauten schließen. Im Inneren des Hügels findet man insbesondere bei den späteren *long barrows* steinerne Grabkammern bestehend aus großen Steinplatten.

Der teilweise enorme Arbeitsaufwand beim Bau der jungsteinzeitlichen Gräber läßt vermuten, daß Vorstellungen von einer Gemeinschaft der Lebenden und der Toten im Weltbild jener Epoche eine herausragende Rolle spielten. Während jedoch die bisher erwähnten Aspekte der neolithischen Kultur durch archäologische Funde recht gut erschlossen werden, ist die Frage nach der Gesellschaftsordnung, dem Weltbild und der Religion jener Zeit sehr viel schwieriger zu beantworten.

Gleichwohl sind die Funktionen und der Zweck von Stonehenge aller Wahrscheinlichkeit nach auf diesem methodisch und begrifflich so schwer faßbaren Gebiet zu suchen, weshalb an dieser Stelle einige grundsätzliche Überlegungen zu den Möglichkeiten und Grenzen unserer Kenntnis vorgeschichtlicher Kulte und Riten angestellt seien.

4. Funktionen und Zweck

Daß Stonehenge eine – im weitesten Sinn dieses Wortes – religiöse Bedeutung besaß, gilt heute als ausgemacht. Gleichwohl beruhen alle konkreten Aussagen dazu auf einer Kombination archäologischer und religionswissenschaftlicher Forschungsergebnisse, deren Problematik der eher allgemein als fachwissenschaftlich interessierte Leser oftmals kaum beurteilen kann. Um die Möglichkeiten und Grenzen dessen, was wir über vorgeschichtliche Religionen wissen können, richtig einzuschätzen, empfiehlt sich daher zunächst ein Blick auf die Forschungsgeschichte.

Religionwissenschaft und Vorgeschichte

Die Vorstellung, daß man die Religion einer bestimmten Kultur oder Epoche auch losgelöst von theologischen Gesichtspunkten, Interessen und Zielsetzungen erforschen könne, fand in der europäischen Geistesgeschichte erst im Laufe des 19. Jahrhunderts weithin Anklang. Dies geschah ungefähr zu der gleichen Zeit, da Geologie, Biologie und die historische Erforschung der Bibel die traditionellen Anschauungen vom Ursprung und von der frühen Entwicklung der Menschheit erschütterten und die entstehende Archäologie ein neues, von den späteren Schriftquellen unabhängiges und auf den Überresten selbst gegründetes Bild der Vorgeschichte zu entwerfen begann. Die Frage nach der Religion jener frühen Epochen der Menschheit stellt jedoch sowohl die Vergleichende Religionswissenschaft als auch die Vorgeschichtsforschung noch immer vor erhebliche Probleme.

Eine erste Schwierigkeit ergibt sich daraus, daß man den Begriff der Religion und damit sowohl den Umfang als auch den

Inhalt des Forschungsgegenstands nicht voraussetzen kann, sondern im Verlauf der wissenschaftlichen Untersuchung bestimmen muß. Dies liegt im wesentlichen daran, daß unser Begriff «Religion» eine spezifisch neuzeitlich-europäische Größe darstellt, die in der uns geläufigen Form weder in außereuropäischen Kulturen noch im europäischen Mittelalter oder in der klassischen Antike eine genaue Entsprechung findet. Bezeichnenderweise teilen selbst zwei historisch und strukturell so nah miteinander verwandte Religionen wie das Christentum und der Islam zwar eine ganze Reihe von Glaubensvorstellungen und Einrichtungen des religiösen Lebens, nicht aber den Begriff der Religion und die hierzulande geläufige Gegenüberstellung der Begriffe «religiös» und «profan». Richtet man vom modernen Christentum aus den Blick zurück auf die klassische Antike, so findet man neben zahlreichen historisch und strukturell bedingten Gemeinsamkeiten den augenfälligen Unterschied, daß die Religion der Griechen und Römer Erscheinungen aufweist, die im modernen Christentum kaum eine Rolle spielen, andererseits aber Merkmale vermissen läßt, die im Christentum von herausragender Bedeutung sind. So etwa kreisen zahlreiche Erscheinungen in den antiken Religionen um das Opfer und um die Deutung des göttlichen Willens mit Hilfe besonderer Riten, während das Christentum diese Phänomene durchweg in die Randbezirke der gelebten Religion verbannt hat. Umgekehrt betont das Christentum traditionell sehr stark den Aspekt der persönlichen Glaubensüberzeugung, die in den antiken Staatsreligionen praktisch keine Rolle spielte.

Im Zusammenhang mit der Frage, was also in der Vorgeschichte überhaupt unter Religion zu verstehen sei, steht das Problem der Begrifflichkeit einer modernen Darstellung. Zweifellos kann man bei Ackerbau, Viehzucht, Jagd und Fischfang, Hausbau, Handwerk und Handel die vorgeschichtlichen Erscheinungsformen dieser Tätigkeiten vielfach mit denselben Begriffen beschreiben, die man auch im Hinblick auf die späteren historischen Epochen verwendet. Dies liegt teils an der elementaren Natur dieser Beschäftigungen, teils an der augenfälligen Kontinuität, welche die ältesten vorgeschichtlichen Zeugnisse vielfach noch mit mittelalterlichen oder sogar frühneuzeitlichen Belegen verbindet. Anders steht es demgegenüber schon mit Fragen der Gesellschaftsordnung oder der Herrschaftsformen. Soll man einen Toten, dem die Hinterbliebenen in der Bronze- oder Eisenzeit ein überdurchschnittlich aufwendiges Begräbnis ausrichteten, als Fürsten, Häuptling, Priesterkönig oder Dorfschulzen ansehen? Jede dieser Bezeichnungen ist unter jeweils verschiedenen, ganz eigenen historischen Voraussetzungen aufgekommen und kann allenfalls im übertragenen Sinn auf vorgeschichtliche Epochen angewendet werden. Will man damit keine anachronistischen Vorstellungen wecken, muß man ihren Inhalt also erläutern, was angesichts unserer unzulänglichen Kenntnis der vorgeschichtlichen Realität jedoch mit erheblichen Unsicherheiten belastet ist. Mithin läßt sich kaum leugnen, daß eine begründete Auswahl aus den verschiedenen möglichen Bezeichnungen entweder ganz unmöglich ist oder doch zumindest umstritten bleiben muß. Entsprechende Ausdrücke ganz zu vermeiden ist anderseits kaum möglich, denn selbst scheinbar neutrale Begriffe wie «herausgehobene Persönlichkeit» oder «Angehöriger der Oberschicht/Elite» wecken unweigerlich Assoziationen, die möglicherweise ebensosehr in die Irre führen wie manche traditionellen Bezeichnungen. Ähnliches gilt für den Bereich der Religion, wo ein Großteil der Begrifflichkeit aus der jüdisch-christlichen oder griechisch-römischen Tradition stammt und nur unter Vorbehalt auf andere Bereiche der Religionsgeschichte übertragen werden kann. So etwa läßt sich im Hinblick auf die biblischen und antiken Traditionen recht genau bestimmen, was die Bezeichnungen «Gott» und «Geist» einerseits miteinander verbindet und andererseits voneinander trennt. Dies bedeutet jedoch keineswegs, daß man diese begriffliche Unterscheidung ohne weiteres auf andere Kulturen und Epochen übertragen kann, wie schon eine Betrachtung der sogenannten Stammesreligionen der Neuzeit deutlich macht. Im Hinblick auf die Religionen der Vorgeschichte deshalb von einem oder mehreren «übernatürlichen Wesen» statt von «Gott» oder «Göttern» zu sprechen, wäre gleichwohl ebenfalls irreführend, denn ein «Wesen» ist letztlich nur eine farblose Abstraktion, der man keinen Kult dargebracht hätte, und «übernatürlich» impliziert einen spezifisch neuzeitlichen Naturbegriff, den nicht einmal die Menschen der Antike, geschweige denn die der Vorgeschichte geteilt hätten.

Die Einsicht, daß der moderne Religionswissenschaftler die Voraussetzungen und Grundanschauungen der abendländisch-christlichen Theologie nicht ohne weiteres abstreifen oder hinter sich lassen kann, ergibt sich indessen nicht nur aus den Grenzen der ihm zur Verfügung stehenden Begrifflichkeit. Sie zeigt sich auch in der nur selten hinterfragten oder problematisierten Tendenz, fremde Religionen nach dem Vorbild der christlichen Theologie als ein – in sich mehr oder weniger schlüssiges – System von sprachlich ausformulierten oder ausformulierbaren Glaubensanschauungen mit daraus abgeleiteten Auswirkungen auf das menschliche Handeln darzustellen. Immerhin erscheint es durchaus denkbar, daß Glaubensaussagen in der Vorgeschichte nur untergeordnete Bedeutung besaßen und das, was wir heute als Religion bezeichnen, sich in erster Linie in Tänzen, Prozessionen und kultischen Handlungen (ohne jede Erklärung oder mit variablen sprachlichen Ausdeutungen) manifestieren konnte. Wenn der Religionswissenschaftler also die Anlage vorgeschichtlicher Denkmäler als Resultat bestimmter Glaubensüberzeugungen darstellt, spiegelt er damit vielleicht nur eine spezifisch christliche Sichtweise in die Vorgeschichte zurück und stellt das Geschehen in eine Perspektive, die den Beteiligten völlig fremd war.

Daß man bei der Darstellung einer vorgeschichtlichen Religion vom Bekannten auf das Unbekannte schließen und also von Beobachtungen an historisch bezeugten Riten und Kulten ausgehen muß, liegt auf der Hand und ist letztlich wohl unvermeidbar. Gleichwohl hat man dabei namentlich in der Vergangenheit Methoden angewendet, die rückblickend durchaus fragwürdig erscheinen und folglich kritisch hinterfragt werden sollten. Dies gilt zunächst für die einst weithin geteilte Grundanschauung, man könne die Bedeutung einer religiösen Handlung, deren Spuren nur archäologisch nachweisbar sind, unter Rückgriff auf besser erschlossenes Vergleichsmaterial aus historischen Epochen durch einen bloßen Analogieschluß bestimmen. Tatsächlich vernachlässigt dieses Verfahren in unzulässiger Weise die historische Bedingtheit der zu erforschenden Phänomene und unterschätzt den hohen Unsicherheitsfaktor, der sich aus der Breite des Spektrums der möglichen Deutungen ergibt: Selbst bis ins Detail identische Handlungen können völlig unterschiedlich motiviert sein und folglich weit auseinanderliegende Glaubensanschauungen widerspiegeln.

Mit Vorsicht zu genießen sind jedoch auch alle Versuche, die Religion einer vorgeschichtlichen Epoche mit Hilfe eines Vergleichs verschiedener historisch bezeugter Religionsformen zu rekonstruieren. Entsprechende Ansätze, die letztlich auf der Übertragung sprachwissenschaftlicher und philologischer Arbeitsweisen auf die Religionsgeschichte beruhen, erfreuten sich bis um die Mitte des 20. Jahrhunderts großer Beliebtheit. Sie sind heute jedoch weitgehend außer Kurs gekommen, beruhten sie doch stets auf der methodisch fragwürdigen Voraussetzung, historisch gleichzeitig bezeugten Religionsformen aus irgendwelchen theoretischen Erwägungen heraus ein unterschiedlich hohes Alter zuzusprechen und die – vermeintlich – jüngeren Formen aus der – vermeintlich – ältesten abzuleiten. Fragwürdig ist dieses Verfahren deshalb, weil es bei nüchterner Betrachtung keine ausreichenden Anhaltspunkte dafür gibt, irgendeine der historisch bezeugten Religionsformen für ursprünglich zu halten. Wie sich gerade im Rückblick unschwer feststellen läßt, haben die Exponenten der verschiedenen diesbezüglichen Theorien letztlich immer nur ihr eigenes Religionsverständnis bzw. das ihrer Zeit in die Vorgeschichte zurückgespiegelt. Sah der vom Evolutionismus des 19. Jahrhunderts geprägte Ethnologe Edward Burnett Tylor (1832–1917) in der Verehrung von Göttern eine sekundäre Weiterentwicklung aus dem Glauben an Geister, so stellte der katholische Pater Wilhelm Schmidt SVD (1868–1954) in seiner später sogenannten Theorie des Urmonotheismus den Glauben an einen einzigen Gott an den Anfang der Religionsgeschichte. Galt dem Theologen und Arabisten William Robertson Smith (1846–1894) der Totemismus als älteste Glaubensform, so hielt sein religionskritisch eingestellter Freund James George Frazer (1854–1941) magische Vorstellungen für grundsätzlich älter als jede Form von Religion.

Wie sehr die Theorien dieser Gelehrten das geistige Klima ihrer Zeit prägten, erhellt nicht zuletzt ein Blick in die gegenwärtige populärwissenschaftliche Literatur über vorgeschichtliche Religionen: Wie einst bei Frazer, so ist auch hier die Weltanschauung der Frühzeit geprägt von magischen Vorstellungen. In Anlehnung an die Anschauungen Robertson Smiths werden Kultpfähle jeder Art – meist ohne weitere Erläuterung – als «Totempfähle» bezeichnet, und wie bei Tylor ersetzt die Vorstellung eines vorgeschichtlichen Glaubens an Geister oder Dämonen die Annahme einer kultischen Verehrung von Göttern. Fragt man dagegen nach den Möglichkeiten der Vergleichenden Religionswissenschaft, positive Aussagen über die Religionen der Vorgeschichte zu treffen, so fällt das Fazit sehr viel bescheidener und vorsichtiger aus. Als Ausgangspunkt dienen dabei zumeist die empirisch nachweisbaren Entsprechungen zwischen der Religions- und der Wirtschaftsform einer Gesellschaft: Seßhafte Ackerbauer und Viehzücher unterscheiden sich dabei sowohl von Jägern und Sammlern als auch von nomadisierenden Hirtenvölkern. Weitere Anhaltspunkte liefert der diachrone Vergleich moderner und antiker oder frühgeschichtlicher Religionen, deren Ergebnisse wiederum mit den Ergebnissen religionsethnologischer Forschung verglichen werden können, um typische, immer wiederkehrende Züge herauszuarbeiten.

Religion und Weltbild der Jungsteinzeit

Blickt man unter diesen Voraussetzungen auf die Epochen der Jungsteinzeit und frühen Bronzezeit zurück, so ist zunächst vom kollektiven Charakter der Religion auszugehen. Inwiefern religiöse Riten in jener Zeit zur Sache des einzelnen werden konnten, entzieht sich zwar unserer Kenntnis, doch spricht die archäologische Hinterlassenschaft – Gräber, Kult- und Opferplätze – eindeutig für den Gemeinschaftscharakter vieler religiös motivierter Handlungen. Dies steht im Einklang mit den Ergebnissen der religionsgeschichtlichen und religionsethnologischen Forschung, denen zufolge die Religion der frühgeschichtlichen Völker nicht zuletzt der Manifestation – und Stärkung – der Gruppensolidarität diente. Fernab vom Individualismus und von der Beliebigkeit religiöser Wahlentscheidungen in weiten Kreisen der europäischen Gesellschaft des 21. Jahrhunderts übernahm der einzelne die Religion seiner Gesellschaft, ohne sie zu hinterfragen. Dem Fehlen jeglicher Entscheidungsmöglichkeiten und weltanschaulicher Alternativen entsprechend dürfte die persönliche Überzeugung dabei nur eine untergeordnete Rolle gespielt haben. In frühgeschichtlicher Zeit immer wieder zu beobachten und daher wohl auch für die Vorgeschichte vorauszusetzen ist demgegenüber die Tendenz der Gruppe, die religiöse Solidarität des einzelnen auch gegen dessen persönliche Überzeugung einzufordern: Wer sich gegen die Götter der Kultgemeinschaft stellt, stellt sich gegen die Gemeinschaft selbst.

Ausgehend von sogenannten Weltreligionen wie etwa dem Christentum, dem Islam oder dem Buddhismus könnte man vermuten, daß Religionen ganz allgemein jenseitsgerichtet sind und letztlich die Überwindung dieser Welt anstreben. Dies ist jedoch keineswegs der Fall, da die uns bekannten Religionen der Frühgeschichte in der Regel umgekehrt auf die Bestätigung der bestehenden Verhältnisse abzielen. Im Mittelpunkt der kultischen Handlungen stehen dementsprechend vor allem die Sicherung der Lebensgrundlagen und die Bewahrung der gesellschaftlichen Ordnung. Einen stets wiederkehrenden Anlaß verstärkter ritueller Aktivitäten boten infolgedessen kriegerische Auseinandersetzungen, die beides gleichermaßen bedrohten und gegebenenfalls vollständig vernichten konnten. Von religiösen Handlungen begleitet waren ferner jene kritischen Momente, die über Erfolg oder Mißerfolg des Überlebens der kleinräumig organisierten Gemeinschaften entscheiden konnten: Im Falle der Jäger und Sammler waren dies der Kontakt mit dem Jagdwild und im Fall der seßhaften Ackerbauer und Viehzüchter die Bestellung der Felder und das Einbringen der Ernte. Gerade die frühen Ackerbauer waren überdies in hohem Maße von der Gunst des Klimas abhängig, wobei verheerende Unwetter oder das Ausbleiben von Niederschlägen sich in gleicher Weise zur existentiellen Bedrohung auswachsen konnten.

Eine kaum zu überschätzende Rolle spielte in diesem Zusammenhang das Opfer, das nach dem Grundsatz *do, ut des* («ich gebe, damit du gibst») vollzogen wurde. Die monotheistische Betonung der Transzendenz Gottes, die christliche Ablehnung des Opfers als eines Kennzeichens «heidnischer» Religiosität, die moderne Vorstellung von naturgegebenen unveräußerlichen Ansprüchen aller Menschen sowie nicht zuletzt die Bedeutungslosigkeit des Gabentauschs in weiten Bereichen unserer eigenen, von Telekommunikation, Schriftgebrauch und Geldwirtschaft geprägten Gesellschaft sind nur einige der Faktoren, die uns die Einsicht in die zentrale Rolle des Opfers in den vor- und frühgeschichtlichen Religionen erschweren. Die reiche archäologische Hinterlassenschaft läßt jedoch darauf schließen, daß Bitt- und Dankopfer zu den wichtigsten religiösen Handlungen gehörten, obschon wir anhand der Funde vermutlich nur einen Bruchteil davon rekonstruieren können.

Eine interessante Frage ist in diesem Zusammenhang, ob die Menschen der Jungsteinzeit auch langfristige Klimaveränderungen oder die Verschlechterung der Lebensgrundlagen etwa infolge von Überweidung oder Bodenerosion in ihre rituellen Handlungen miteinbezogen. Falls dies der Fall war, könnte ein schwer abzuschätzender Anteil der archäologisch nachweisbaren Opfer in diesem Zusammenhang stehen. Wie man sich den oder die Empfänger der Opfergaben vorstellte, entzieht sich jedoch infolge des Fehlens entsprechender Schriftquellen nahezu vollständig unserer Kenntnis. Grundsätzlich spricht nichts gegen die Annahme, daß die Menschen der europäischen Vorgeschichte wie die der ungefähr gleichzeitigen altorientalischen Hochkulturen persönliche Götter und Göttinnen verehrten, doch wird man bei der Übertragung bestimmter, erst aus historischer Zeit bezeugter Vorstellungen vorsichtig sein müssen. So hat sich insbesondere die um die Mitte des 20. Jahrhunderts weitverbreitete Vorstellung von der Verehrung einer Großen Göttin durch friedliebende, mutterrechtlich geprägte jungsteinzeitliche Bauern als eine bloße Wunschvorstellung ohne ausreichende faktische Grundlage erwiesen: Weder kann man Abbildungen weiblicher Gestalten mit starker Betonung der Geschlechtsmerkmale ohne weiteres als bildliche Darstellungen ein und derselben Muttergöttin ansehen, noch lassen archäologische Funde, religionsethnologische Parallelen und die sehr viel später einsetzenden schriftlichen Quellen auf eine jungsteinzeitliche matriarchale, also von Frauen dominierte, Gesellschaftsordnung schließen. Aber auch die Annahme, Konflikte hätten in dieser frühen Zeit gefehlt oder seien friedlich beigelegt worden, wird durch archäologische Funde wie etwa Skelette mit Spuren von Hieb- und Stichverletzungen oder Brandspuren und massenhaft abgeschossene Pfeilspitzen in Siedlungen widerlegt.

Wesentliche Unterschiede im rituellen Verhalten zeigt ein Vergleich der jungsteinzeitlichen Funde mit denen des vorausgehenden Meso- und Paläolithikums. Dies liegt zumindest teilweise an der Zuwanderung neuer Bevölkerungsteile, vor allem aber an den Veränderungen infolge der Seßhaftwerdung und dem Übergang von der aneignenden Wirtschaftsweise der Jäger und Sammler zur produzierenden Wirtschaftsform der Ackerbauer und Viehzüchter. Eine zentrale Bedeutung für das gesamte Weltbild erhielt nunmehr der Kreislauf der Jahreszeiten mit dem beständigen Wechsel von Aussaat und Ernte, Entstehen und Vergehen. Mochte der Mond als Zeitmesser für kleinere Einheiten eine gewisse Rolle spielen, so orientierte man sich bei der Ermittlung des rechten Zeitpunkts für die verschiedenen landwirtschaftlichen Aktivitäten zweifellos am Sonnenjahr. Religiöse Bedeutung besaß die Sonne vermutlich aber nicht nur in ihrer Funktion als Zeitmesser, sondern auch als Spenderin der wachstumsfördernden Wärme. Entsprechende mythologische Vorstellungen, wie sie in späterer Zeit etwa aus dem alten Ägypten, dem Zweistromland, Altanatolien und dem vedischen Indien bezeugt sind, kann man jedoch nicht bis in die europäische Vorgeschichte zurückverfolgen.

Eine wichtige Rolle in der Religion der Jungsteinzeit spielte zweifellos die Erde, deren Ertrag für die neolithischen Ackerbauer und Viehzüchter die Grundlage des Überlebens bildete. Daß man sich die Erde als Göttin vorstellte, ist jedoch keineswegs ausgemacht, zumal verschiedene Anhaltspunkte auf eine religiöse oder rituelle Bedeutung nicht der Erde im allgemeinen, sondern eines bestimmten Territoriums schließen lassen. So verweisen wohl auch die zahlreichen jungsteinzeitlichen Bodendenkmäler nicht zuletzt auf das Bemühen der frühen Ackerbauer, dem von ihnen besiedelten Gebiet einen dauerhaften und auch für – möglicherweise rivalisierende – Nachbarn weithin sichtbaren Stempel aufzudrücken. Augenfällig ist in diesem Zusammenhang die starke Betonung einer Gemeinschaft der Lebenden mit den Toten, die man in erster Linie aus dem repräsentativen Charakter der Grabmonumente und ihrer Lokalisierung an den mutmaßlichen Grenzen der jeweiligen Stammesterritorien erschließen kann.

Mögliche Funktionen von Stonehenge

Richtet man ausgehend von diesen Überlegungen den Blick auf Stonehenge, so fällt als erstes der ausgeprägte Gemeinschaftscharakter der Anlage ins Auge: Zweifellos sind der enorme Arbeitsaufwand und die beträchtliche Ausdauer insbesondere bei der Beschaffung, Bearbeitung und Aufstellung der Steine nur mit dem vereinten Bemühen einer ganzen Gesellschaft – und nicht etwa nur einer kleinen Elite – zu erklären. Gleichwohl läßt diese Tatsache mehrere unterschiedliche Deutungen zu: Könnte es sich einerseits um das gemeinschaftlich geplante und durchgeführte Projekt zur Selbstdarstellung einer weitgehend egalitären Gesellschaft ohne größere Rangunterschiede handeln, so könnte man andererseits auch – ähnlich wie im Falle der ägyptischen Pyramiden – an eine Funktion der Anlage im Rahmen eines sakral legitimierten Herrschertums denken. Eine wesentliche Rolle für die Intention der Erbauer spielte in jedem Fall die – im Rahmen jungsteinzeitlicher Denkmäler völlig untypische – lange Nutzungsdauer von Stonehenge: Augenscheinlich war die Kontinuität mit einer weit entfernten Vergangenheit für die Erbauer ebenso wichtig wie das unverkennbare Bemühen, die dauerhafte Sichtbarkeit der eigenen Bauleistung durch die Verwendung einer der härtesten verfügbaren Gesteinsarten zu gewährleisten.

Daß man die Errichtung der Anlage als eine Art Opfer (an Arbeitsleistung) betrachtet haben könnte, erscheint immerhin denkbar.

Eine zentrale Rolle spielte in diesem Zusammenhang allem Anschein nach der Herkunftsort der verwendeten Steine, doch sind auch hier wiederum mehrere Deutungen möglich. So etwa könnte man den Transport der Sarsen-Steine von den Marlborough Downs als Ausdruck gutnachbarschaftlicher Beziehungen, aber auch als Anzeichen kriegerischer Auseinandersetzungen betrachten – je nachdem, ob man die Steine als Tauschobjekte, Geschenke oder Tributzahlungen betrachtet. Der Transport der Blausteine wiederum steht aller Wahrscheinlichkeit nach im Zusammenhang mit Handelsbeziehungen, die folglich für das Selbstverständnis der Erbauer von Stonehenge eine wichtige Rolle gespielt haben dürften.

Im Hinblick auf die rituelle und zeremonielle Nutzung der Anlage ist vermutlich in erster Linie an einen Zusammenhang mit dem Grabbrauchtum zu denken. Dafür sprechen zum einen die Überreste mutmaßlicher Bestattungen in der Anlage selbst als auch die ungewöhnlich hohe Konzentration von Grabmonumenten in der näheren Umgebung. Die Vermutung liegt nahe, daß auch die axiale Orientierung auf die Sonnenwende hin im Zusammenhang mit einer religiösen Symbolik des Werdens und Vergehens und daher letztlich mit der rituellen Bewältigung des Todes zu sehen ist. Plausibler als die Orientierung am Sonnenaufgang zum Zeitpunkt der Sommersonnenwende erscheint in diesem Fall aber vielleicht die Ausrichtung in der genau entgegengesetzten Richtung am Sonnenuntergang zum Zeitpunkt der Wintersonnenwende: Wer sich am kürzesten Tag des Jahres auf der breiten Zufahrtsstraße aus nordöstlicher Richtung der Anlage näherte, konnte das Versinken der Sonne am südwestlichen Horizont mit der Zuversicht beobachten, daß nunmehr die Tage wieder länger werden und der Winter dem Frühling weichen würde.

Zusammenfassend wird man feststellen dürfen, daß Stonehenge augenscheinlich weder aus einer einzigen klar erkennbaren Motivation heraus angelegt wurde noch einem einzigen festumrissenen Zweck diente. Vielmehr lassen die jahrhundertelange Nutzung der Anlage wie auch die vielfältigen Bezüge zu verschiedenen Aspekten der jungsteinzeit- und bronzezeitlichen Kultur darauf schließen, daß die Errichtung des Steinkreises wie auch seine Einbindung in Riten und Kulte ein überaus komplexes Phänomen darstellt, zu dessen Erhellung alle Bereiche der Kultur jener Zeit einen Beitrag leisten können. Neben diesen Erwägungen sei jedoch nicht vergessen, daß Stonehenge im Hinblick auf die lange Nutzungsdauer, die ungewöhnlich weiten Transportwege der Blausteine wie auch der Sarsen-Blöcke sowie die Nachahmung der Holzbauweise in Stein im Rahmen der uns bekannten jungsteinzeitlichen Henge-Monumente nicht nur untypisch, sondern absolut einmalig ist. Weder darf man die an Stonehenge gewonnenen Einsichten unbesehen verallgemeinern, noch kann man Beobachtungen an anderen Steinkreisen ohne weiteres auf Stonehenge übertragen. Was sich am Übergang von der Stein- zur Bronzezeit in der Ebene von Salisbury abspielte, beruht allem Anschein nach auf einem Zusammentreffen außergewöhnlicher Umstände, die vielleicht für immer ein Rätsel bleiben werden. Ungeachtet seiner Einmaligkeit kann man Stonehenge gleichwohl nur im Rahmen größerer kultureller Zusammenhänge verstehen. Dies erfordert eine nähere Betrachtung nicht nur der vorgeschichtlichen Denkmäler in seiner unmittelbaren Umgebung, sondern auch der vielen anderen sogenannten Megalithbauwerke Alteuropas.

II. Stonehenge und die europäische Megalithkultur

Soweit man feststellen kann, begegnet die sprachliche Neubildung «Megalith» (zu griechisch *mega* «groß» und *lithos* «Stein») erstmals in dem Buch *Cyclops Christianus* des englischen Altertumsforschers Algernon Herbert (1792–1855). Bereits 1867 erscheint das Wort als etablierter Fachbegriff auf dem Kongreß der französischen Prähistoriker in Paris sowie 1872 in dem Buch *Rude Stone Monuments in All Countries* des weitgereisten schottischen Architekten und Architekturhistorikers James Fergusson (1808–1886). Wie seitdem bekannt wurde, findet man Megalithbauwerke in vielen Regionen der Alten und Neuen Welt, so etwa in Äthiopien, Indien, Japan, Korea und Kolumbien. Neigte man im 19. Jahrhundert noch dazu, einen gemeinsamen Ursprung aller dieser Bauten zu postulieren, so nimmt man heute ganz allgemein an, daß viele von ihnen unabhängig voneinander und über einen längeren Zeitraum hinweg bis in die Neuzeit errichtet wurden. Gesichert erscheint andererseits aber auch, daß man Stonehenge im Rahmen einer spezifisch europäischen Megalithkultur sehen kann, die sich im 5.–3. Jahrtausend v. Chr. von der Insel Malta bis nach Irland und Südskandinavien erstreckte.

1. Die ältesten Monumentalbauten Europas

Wie man heute annimmt, steht das Aufkommen der Megalithbauweise und ihre Ausbreitung über weite Regionen Süd-, West- und Nordwesteuropas in einem engen Zusammenhang mit der Neolithisierung Europas, die von den ältesten Zentren des Ackerbaus und der Viehzucht in Vorderasien ausging. Dies bedeutet jedoch keineswegs – wie man dies noch um die Mitte des 20. Jahrhunderts weithin annahm –, daß die Megalithbauwerke eine Reaktion der vorgeschichtlichen Bewohner Europas auf die Monumentalarchitektur der altorientalischen Hochkulturen darstellen. Vielmehr ist nach den neuesten Radiokarbon-Datierungen davon auszugehen, daß viele der europäischen Megalithen lange vor den Tempeln des Zweistromlands und den ägyptischen Pyramiden errichtet wurden. Auch erscheint es nach Ausweis dieser Datierungen und vergleichender archäologischer Untersuchungen praktisch ausgeschlossen, daß die Megalithbauweise überall gleichzeitig einsetzte oder sich von einem einzigen Zentrum aus allmählich verbreitete. Wie man heute vermutet, entstanden diese ältesten Monumentalbauten West- und Nordwesteuropas unabhängig voneinander auf der Grundlage einer weitgehend ähnlichen Wirtschaftsweise und Weltanschauung. Von dort aus breiteten sie sich dann teilweise flächendeckend immer weiter aus, bis gesellschaftliche und wirtschaftliche Veränderungen am Übergang von der Steinzeit zur Bronzezeit dieser Entwicklung ein Ende setzten.

Europa im 5.–3. Jahrtausend v. Chr.

Zu den europäischen Regionen, die am frühesten und stärksten von der Einführung des Ackerbaus und der Viehzucht geprägt wurden, zählt der Balkanraum. Dort waren weite Teile der Bevölkerung bereits im 6. Jahrtausend v. Chr. seßhaft geworden. Dabei waren einige der planmäßig angelegten Siedlungen wie etwa die von Karanovo in Bulgarien nach Ausweis der archäologischen Untersuchungen über 2000 Jahre hinweg bewohnt. Eine wichtige Rolle für die Bewohner dieser Region spielten das Töpferhandwerk, der Handel mit Rohstoffen entlang der Wasserstraßen, der Abbau von Kupfererzen und die Goldbearbeitung. Fernhandelsbeziehungen bestanden unter anderem zwischen dem Balkanraum und den südrussischen Steppengebieten, wo sich im Gefolge der Domestikation des Wildpferds eine in vieler Hinsicht eigenständige neolithische Kultur entwickelte.

Anzeichen einer regionalen Differenzierung lassen sich seit dem 5. Jahrtausend v. Chr. in den neolithischen Gemeinschaften Mittel- und Nordwesteuropas beobachten. Intensive Kontakte zu den technologisch fortgeschrittenen Regionen Südosteuropas pflegten zu jener Zeit wohl nur die Bewohner Mitteleuropas, nicht aber die der weiter entfernten Randgebiete. Deren Bewohner wiederum traten in einen anhaltenden kulturellen Austausch mit alteingesessenen mesolithischen Bevölkerungsgruppen, die in einigen Regionen wie etwa entlang der Atlantikküste noch über einen längeren Zeitraum an ihrer althergebrachten Lebensweise festhielten. Einige der frühesten Belege für diesen Austausch stammen aus Westfrankreich, wo sich die alteingesessenen Wildbeuter und frühe Ackerbauer gegenseitig beeinflußten. Stand in Mittel- und Südosteuropa das über viele Generationen bewohnte Dorf im Mittelpunkt der bäuerlichen Gemeinschaften, so pflegten die Bewohner der Atlantikzone ihr Bedürfnis nach einem monumentalen und repräsentativen Ausdruck gesellschaftlicher Stabilität vor allem in der Anlage weithin sichtbarer und dauerhafter Grabmäler. Eine vergleichbare Entwicklung läßt sich wenig später in Südengland, aber auch in Norddeutschland und Polen beobachten. Durch Handelsbeziehungen, aber wohl auch durch Rivalitäten zwischen den verschiedenen Zentren dieser neuen Entwicklung breitete sich die Sitte der Monumentalarchitektur allmählich aus. Im Laufe der Zeit nahmen die aus Steinen, Holz und Erde errichteten Monumente immer mehr an Komplexität zu, wobei ältere Denkmäler mitunter von darauffolgenden Generationen vereinnahmt und in ihrem Sinn umgestaltet wurden. In einem augenfälligen Gegensatz zu diesen zentral- und westeuropäischen Entwicklungen steht die gleichzeitige Situation in den Waldregionen Nordosteuropas, die an der Einführung des Ackerbaus und der Viehzucht noch kaum Anteil hatten und weithin von mesolithischen Jägern, Sammlern und Fischern bewohnt wurden.

Neue kulturelle Entwicklungen erfolgten seit der Mitte des 4. Jahrtausends v. Chr. mit dem Aufschwung städtischer Zentren in Syrien und Mesopotamien. Über Anatolien und die Ägäis erreichten deren technologische Neuerungen im Bergbau und in der Metallbearbeitung, Verbesserungen in der Landwirtschaft und im Transportwesen sowie Veränderungen im Aufbau der

Gesellschaft und in der Weltanschauung einmal mehr Südosteuropa, von wo aus sie bis nach Mitteleuropa ausstrahlten. Als älteste neolithische Keramik hatte sich in Mitteleuropa schon im 5. Jahrtausend v. Chr. die nach ihrer charakteristischen Verzierung aus runden oder eckigen Spirallinien sogenannte Bandkeramik durchgesetzt. Seit der Mitte des 4. Jahrtausends v. Chr. begegnet in weiten Teilen Mittel- und Nordeuropas die sogenannte Trichterbecherkultur, die nach den für sie charakteristischen Gefäßen mit trichterförmigem Rand bezeichnet wird. Gegen Ende des 3. Jahrtausends v. Chr. erscheint dann am Übergang zur Bronzezeit die bereits im Zusammenhang mit den Neufunden bei Stonehenge erwähnte Glockenbecherkultur.

Megalithbauwerke in ihrem regionalen Kontext

Läßt man mit Blick auf die europäische Landkarte die einzelnen Regionen der alteuropäischen Megalithkultur gleichsam im Uhrzeigersinn der Reihe nach Revue passieren, so sind als erstes bedeutendes Zentrum im Südosten die Inseln Malta und Gozo rund 100 Kilometer südöstlich von Sizilien zu erwähnen. Hier erbaute man in dem Zeitraum von 3600–2500 v. Chr. aus tonnenschweren Kalksteinblöcken zahlreiche Tempelanlagen, deren Mauern teilweise noch heute bis zu einer Höhe von 6 Metern erhalten geblieben sind. Als eine der ältesten dieser Anlagen findet man auf der kleinen Insel Gozo südöstlich des Ortes Xaghra den zwischen 3500–3300 v. Chr. erbauten Tempel von Ggantija. Ungefähr aus der gleichen Zeit stammt der allerdings ungleich weniger gut erhaltene Tempel von Skorba bei dem Ort Zebbiegh im Westen Maltas. Noch immer eindrucksvoll sind demgegenüber die Überreste der unmittelbar benachbarten Anlagen von Hagar Qim und Mnajdra südwestlich des Ortes Qrendi im Süden Maltas (vgl. Abbildung 7).

Die umfangreichste und zugleich jüngste Tempelanlage findet man in Tarxien östlich des Ortes Paola im Südwesten der Insel (vgl. Abbildung 8). In Paola selbst ist darüber hinaus eine in den Felsen gehauene unterirdische Tempelanlage, das sogenannte *Hypogäum*, erhalten geblieben. Man nimmt an, daß die Mega-

Abb. 7: Die Fassade und der Eingang des Tempels von Hagar Qim (Malta)

lithtempel Maltas ihren Ursprung einer Nachahmung natürlicher unterirdischer Felsheiligtümer verdanken. Welche Riten man dort vollzog, ist unbekannt, doch lassen bildliche Darstellungen von Haustieren wie Widder, Schwein und Ziege sowie der Fund eines Steinmessers und verschiedener Tierknochen auf Opferungen schließen. Einige mit Spiralmustern verzierte Steinblöcke im Inneren der Anlage hat man als Altäre gedeutet, während man in bruchstückhaft erhaltenen Statuen Abbildungen einer steinzeitlichen Mutter- oder Fruchtbarkeitsgöttin sieht. Ob astronomische Beobachtungen bei der Anlage der Tempel eine Rolle spielten ist ungewiß, doch scheint der Eingang des südlichen Tempels von Mnajdra – allerdings nur dieser – auf den Aufgangspunkt der Sonne zum Zeitpunkt der Tag- und Nachtgleiche ausgerichtet zu sein. Größere Wahrscheinlichkeit als solche astronomischen Deutungen hat die Interpretation der Tempelanlagen als Mittelpunkte von Stammesterritorien, was man nicht zuletzt aus ihrer gleichmäßigen geographischen Verteilung geschlossen hat. Welche Umstände um 2500 v. Chr. die über tausendjährige Tradition der Megalithtempel abreißen ließ, ist noch immer unbekannt.

Abb. 8: Mit Spiralornamenten verzierter Altar im Tempel von Tarxien (Malta)

Zu den ältesten, am weitesten verbreiteten und am längsten genutzten Megalithbauten des zentralen Mittelmeerraums zählen Felsengräber, die vor allem in Sizilien, Sardinien und Italien südlich der Toskana vorkommen. Besonders aufwendig gestaltet sind diese Gräber auf Sardinien, wo über 1100 von ihnen bezeugt sind. Zu den bekanntesten Beispielen zählt die Nekropole von Anghelu Ruju am Ufer des Flusses Filibertu rund 10 Kilometer von der Stadt Alghero entfernt im Norden der Insel. Dort wurden zu Beginn des 3. Jahrtausends v. Chr. 36 Grabkammern in den Felsen gehauen. Sehr viel weniger weit verbreitet sind demgegenüber megalithische Kammergräber, die sich vor allem in Südostitalien sowie auf Korsika und Sardinien befinden. Zu den aufwendigsten dieser Anlagen zählen die als «Hünengräber» (*tombe di giganti*) bezeichneten Galeriegräber Sardiniens. Die größte Anlage dieser Art ist mit 27 Metern Länge das Grab von Li Lolghi bei Olbia, das in der mittleren Bronzezeit angelegt wurde, jedoch über 1000 Jahre lang bis in die späte Eisenzeit genutzt wurde. Das größte und am besten erhaltene Kammergrab Korsikas ist der als *Stazzona del Diavolo* («Teufelsschmiede») bekannte Dolmen von Fontanaccia (vgl. Abbildung 9).

In Verbindung mit den Kammergräbern finden sich vielerorts stehende Steine (Menhire), von denen Sardinien ungefähr 50, Korsika dagegen rund 450 besitzt. Fast alle korsischen Menhire sind aus Granit, und viele von ihnen stehen in Gruppen zusammen, so etwa die insgesamt 258 im 2. Jahrtausend v. Chr. in sieben Gruppen errichteten Menhire von Palaggiu. Inwiefern die Menhire und Megalithbauwerke des zentralen Mittelmeerraums ein Ergebnis innerer Entwicklungen in den betreffenden Regionen darstellen, und inwiefern diese Entwicklungen von außen beeinflußt wurden, ist im einzelnen schwer abzuschätzen und unter Fachleuten umstritten. Mit einiger Sicherheit auszuschließen ist die einst weitverbreitete Vorstellung, die Megalithbauwerke des zentralen Mittelmeerraums stellten das Bindeglied zwischen dem – nicht wirklich erwiesenenen, sondern nur hypothetisch postulierten – östlichen Ursprungsgebiet und der am weitesten westlich gelegenen Randzone der Megalithbauweise dar. Wenn überhaupt mit äußeren Einflüssen auf die Megalith-

Abb. 9: Das Kammergrab von Fontanaccia (Korsika)

Abb. 10: Steinsetzungen bei Carnac (Bretagne)

bauwerke Italiens, Siziliens, Sardiniens und Korsikas zu rechnen ist, erfolgten sie vermutlich von Westen her, wobei jedoch weniger mit einem Zustrom von Einwanderern als vielmehr mit einer Übernahme kultureller Anregungen zu rechnen ist.

Die portugiesische und spanische Zone der Megalithbauwerke erstreckt sich in einem breiten Streifen entlang der Süd-, West- und Nordküste der Iberischen Halbinsel. Nach Ausweis der archäologischen Funde und einiger Radiokarbon-Datierungen wurden die betreffenden Denkmäler ungefähr in der Zeit von 4500–2000 v. Chr. errichtet. Ähnlich wie im zentralen Mittelmeerraum ist auch hier mit einer ausgeprägten Vielfalt funktional verschiedener Denkmäler unterschiedlichen Alters und unterschiedlich langer Nutzungsdauer zu rechnen. Die Überreste von Befestigungsmauern, Häusern, Brunnen und einer Nekropole mit rund 100 Megalithgräbern aus der zweiten Hälfte des 3. Jahrtausends v. Chr. haben sich in Los Millares bei Santa Fé de Mondujar in der südspanischen Provinz Almería erhalten. Drei der größten bronzezeitlichen Hügelgräber Europas, der Dólmen de Menga, Dólmen de Viera und Dólmen de Romeral, sind noch heute am nordöstlichen Stadtrand von Antequera in

Abb. 11: Das Ganggrab von Newgrange im Tal der Boyne (Irland)

der Provinz Málaga rund 50 Kilometer nördlich der gleichnamigen Provinzhauptstadt zu besichtigen. Zwei in den Felsen gehauene Gräber aus dem 3. Jahrtausend v. Chr. kennt man von der Atlantikküste unweit des Ortes Sao Pedro do Estoril bei Lissabon.

Einige der bekanntesten und optisch spektakulärsten alteuropäischen Megalithbauwerke stammen aus Frankreich, insbesondere aus der Bretagne. In das Jahrtausend zwischen 5000 und 4000 v. Chr. datiert man den sogenannten Cairn von Barnenez an der Bucht von Morlaix, der nach Ausweis der archäologischen Funde bis in die frühe Bronzezeit genutzt wurde. Dabei handelt es sich um eine über 70 Meter lange, 25 Meter breite und 6–7 Meter hohe Steinanhäufung, die insgesamt 11 aus Schiefer- und Granitplatten gefügte Kammergräber überdeckt. Ein weiteres monumentales Kammergrab befindet sich auf der kleinen Insel Gavrinis im Golf von Morbihan in der Nähe des Ortes Carnac. Dort sind noch heute über 3000 aufrecht stehende Steine zu sehen, die in mehreren bis zu 15 000 Meter langen Reihen angeordnet wurden (vgl. Abbildung 10). Nicht weit davon entfernt befindet sich als eines der eindrucksvollsten Megalithdenkmäler der heute in vier Teile zerbrochene, einst 20 Meter lange und 350 Tonnen schwere Große Menhir von Locmariaquer.

Prähistorische Seeverbindungen bestanden zwischen der Bretagne und Irland, wo in der zweiten Hälfte des 20. Jahrhunderts noch über 1200 Megalithgräber aus dem 4. und 3. Jahrtausend v. Chr. nachgewiesen werden konnten. Am bekanntesten davon sind die Hügelgräber von Newgrange, Knowth und Dowth im Tal der Boyne, von denen die beiden zuerst genannten heute öffentlich zugänglich sind (vgl. Abbildung 11). Einzigartig in Newgrange ist die astronomische Ausrichtung des Kammergrabs, wo jedes Jahr zur Wintersonnenwende ein Lichtstrahl durch eine kleine Öffnung über der Tür in den Gang dringt und bis in den Innenraum wandert. Vergleichbar gut erhaltene Kammergräber kennt man von den Orkney-Inseln, wo im 4. bzw. 3. Jahrtausend v. Chr. die ausgedehnten Grabanlagen von Quanterness und Maes Howe entstanden.

2. Das Ende der Megalithbauweise

Wie aus dieser Übersicht deutlich geworden sein dürfte, teilt Stonehenge einige wesentliche Merkmale mit den alteuropäischen Megalithbauwerken im allgemeinen, darunter die bei allen diesen Anlagen offensichtliche Betonung der kollektiven Arbeitsleistung, die mutmaßliche Nutzung als Schauplatz gemeinsamer religiöser Riten, die Verbindung mit einer Art Fruchtbarkeitskult und Ahnenverehrung sowie der enge Bezug zwischen Megalithdenkmal und Stammesterritorium. Gleichwohl handelt es sich bei diesen immer wiederkehrenden Konstanten nur um Leitmotive, die bei einem einzelnen Denkmal keineswegs alle gleichzeitig präsent sein müssen und überdies in mannigfachen Abwandlungen begegnen. Klar ist auf jeden Fall, daß Stonehenge auch in gesamteuropäischer Perspektive nicht am Anfang, sondern vielmehr am Ende einer weit über tausendjährigen Tradition steht, die bald nach der Errichtung des Steinkreises ihr Ende finden sollte.

Ebenso wie die Anfänge der Megalithbauweise läßt auch ihr ungefähr gleichzeitiges Ende überall in Europa auf gleichartige grundsätzliche Voraussetzungen, doch vielfältige regionale Unterschiede und Besonderheiten schließen. Standen die Anfänge im Zeichen des kulturellen Austauschs zwischen mesolithischen Wildbeutern und neolithischen Ackerbauern, so wurde ihr Ende durch die allmähliche Ausbreitung der Metallverarbeitung eingeleitet. Welche gesellschaftlichen und weltanschaulichen Umwälzungen diese technologische Neuerung im einzelnen mit sich brachte, wird sich wohl auch auf Dauer unserer Kenntnis entziehen. Unübersehbar sind jedoch die archäologischen Hinweise auf einen grundlegenden Wandel des Bestattungsbrauchtums, der über kurz oder lang die Aufgabe und teilweise auch Zerstörung oder grundlegende Umwandlung der alten megalithischen Kultstätten nach sich zog. An einigen Orten wurden Steine aus älteren Megalithbauwerken für die Errichtung neuerer Anlagen herangezogen, doch in vielen anderen Fällen wurden die alten Kultbauten einfach verlassen und dem Verfall preisgegeben. Stonehenge blieb allem Anschein nach noch bis in die frühe Bronzezeit in Gebrauch, doch kann man keine Spuren einer späteren Nutzung der Anlage mehr feststellen. Welchen Zwecken die alteuropäischen Megalithbauwerke einst dienten, war wohl ebenso wie die Kenntnis ihres tatsächlichen Alters schon lange vor dem Einsetzen der schriftlichen Überlieferung und der um kritische Sichtung der Quellen bemühten Geschichtsschreibung in Vergessenheit geraten. Als Bauwerke vorzeitlicher Riesen oder des Teufels lebten die Kammergräber, Steinkreise und aufrecht stehenden Steine in der volkstümlichen Vorstellung weiter, bis der Aufschwung der prähistorischen Forschung im 19./20. Jahrhundert neues Licht auf ihre Entstehung warf.

III. Der Mythos von Stonehenge

In den ersten fünf Kapiteln des vorliegenden Buches ging es um das vorgeschichtliche Stonehenge und die kulturgeschichtlichen Zusammenhänge, in denen Archäologen, Prähistoriker und Religionswissenschaftler die Anlage heute sehen. Mancher Leser wird sich spätestens hier die Frage stellen, ob das «schon alles» sei, nachdem bis jetzt weder von astronomischen Berechnungen noch von erdmagnetischen Kraftfeldern oder keltischen Druiden die Rede war. Wie in den beiden nun folgenden Kapiteln gezeigt werden soll, liegen diese Aspekte des Gegenstands in der Tat auf einer anderen Ebene als die bisher beschriebenen Tatsachen und Vermutungen, denn entweder handelt es sich dabei um heute überholte Vorurteile vergangener Epochen oder aber um Spekulationen ohne ausreichende faktische Grundlage. Zweifellos sind diese Vorstellungen jedoch untrennbar mit unserem Bild von Stonehenge verbunden, und erfährt man daraus auch herzlich wenig über die vorgeschichtlichen Erbauer der Anlage, so doch sehr viel über die Menschen jener späteren Epochen, in denen man sich mit Stonehenge beschäftigte. So richtet sich der Blick in dem nun folgenden dritten Teil des Buches zunächst auf die Geschichte der Forschung und danach auf die der künstlerischen und literarischen Auseinandersetzung mit dem Steinkreis.

1. Von der Altertumskunde zur Archäologie

Wie im folgenden zu zeigen sein wird, legten Forscher des 16.–18. Jahrhunderts die Grundlagen unseres heutigen Verständnisses von Stonehenge. In dieser Zeit gelang durch empirische Beobachtungen und Messungen zumindest ansatzweise die Beantwortung der beiden ersten entscheidenden Fragen: Was ist Stonehenge und wie ist es entstanden? Den zwei darauffolgenden Jahrhunderten blieb es vorbehalten, die beiden weiterführenden Fragen nach den Erbauern der Anlage und ihrem Zweck einer Antwort näherzubringen.

Von der Renaissance zum Zeitalter der Aufklärung

Da Stonehenge erst im 12. Jahrhundert n. Chr. namentlich genannt wird, liegen rund zweieinhalb Jahrtausende seiner Geschichte – das heißt: der gesamte Zeitraum vom Beginn der Eisenzeit bis zur Ankunft der Normannen – fast völlig im dunkeln. In dieser Zeit scheint die Anlage allmählich verfallen zu sein, ohne daß wir über die Einzelheiten dieses Vorgang unterrichtet wären. Mitverantwortlich für den Zerfall waren vermutlich die unzureichende Fundamentierung der Tragsteine in relativ flachen Gruben sowie der geringe Abstand zwischen ihnen, der beim Niederstürzen eines einzigen Steins einen Domino-Effekt auslösen konnte. Eine wichtige Rolle spielte darüber hinaus wohl auch das Fehlen geeigneter Bausteine in der näheren Umgebung von Stonehenge, so daß insbesondere die kleineren und leichteren Blausteine, aber auch viele Sarsen-Tragsteine im Laufe der Jahrhunderte zerschlagen und anderweitiger Verwendung zugeführt worden sein dürften. Funde kaiserzeitlicher Keramik gaben zu der Vermutung Anlaß, römische Legionäre könnten Stonehenge – entweder bei der Besetzung des Landes 43 n. Chr. oder während des Aufstands der Königin Boudicca 61 n. Chr. – als Widerstandsnest der keltischen Druiden gezielt zerstört haben. Zwingende Hinweise darauf fehlen jedoch, und für eine Nutzung der Anlage durch die Druiden gibt es letztlich keinerlei Anhaltspunkte. Überdies hätten römische Pioniere wohl auch die heute noch stehenden Steine ohne weiteres durch Unterminieren zum Einsturz bringen können, wenn eine möglichst wirkungsvolle Zerstörung in ihrer Absicht gelegen hätte.

Der humanistische Historiker Polydore Vergil (um 1470–1555) sah in Stonehenge noch ein Denkmal, das der Zauberer Merlin während der Eroberung des Landes durch die Angelsachsen errichtet habe – eine Vorstellung, die er wie viele seiner Vorgänger der um 1136 entstandenen *Geschichte der Könige*

Britanniens des Geoffrey von Monmouth entnehmen konnte. Demgegenüber stellte der Altertumsforscher und Historiker William Lambarde (1536–1601) jedoch bereits 1580 fest, daß die Nachahmung der Zimmermannstechnik durch die Erbauer der Anlage einen übernatürlichen Ursprung Lügen strafe und die Steine nicht – wie Geoffrey behauptet hatte – aus Irland, sondern vermutlich aus der Gegend bei Marlborough stammten – eine Auffassung, die sich heute allgemein durchgesetzt hat.

Nach einem Besuch des Steinkreises im Jahr 1620 beauftragte König Jakob I. seinen Baumeister Inigo Jones (1573–1652) mit einer eingehenden Untersuchung. Deren Ergebnisse wurden allerdings erst nach dem Tod des Architekten von seinem Assistenten John Webb veröffentlicht. In diesem 1652 erschienenen ersten Buch über Stonehenge deutete Jones die Anlage als einen kaiserzeitlichen römischen Tempel des Gottes Coelus. Seine Beschreibung versah er mit einer Rekonstruktionszeichnung, die den Grundriß von Stonehenge – mit großzügigen Ergänzungen nicht vorhandener Architekturteile und in Anlehnung an die Proportionslehre des römischen Architekten Vitruv – als Kreis mit sechs eingeschriebenen gleichschenkligen Dreiecken auffaßte (vgl. Abbildung 12).

Wie weit man damals noch von einer zutreffenden zeitlichen und kulturellen Einordnung der Anlage entfernt war, zeigt die weitere Diskussion darüber. So vertrat der Mediziner Dr. Walter Charleton (1619–1707) in seinem 1663 erschienenen Buch *Chorea Gigantum* die Auffassung, Stonehenge sei einst die Krönungsstätte der dänischen Könige Englands gewesen. Dagegen schrieb sein jüngerer Zeitgenosse Aylett Sammes (um 1636–1679) in seinem 1676 veröffentlichten Buch *Britannia Antiqua Illustrata* in Anlehnung an Theorien des französischen Gelehrten Samuel Bochart (1599–1667) den Phöniziern die Errichtung des Steinkreises zu. Die richtige Fährte fand erst gegen Ende des 17. Jahrhunderts der Altertumsforscher John Aubrey (1626–1697), der aus der Ähnlichkeit des Steinkreises mit vergleichbaren Anlagen in Wales und Nordostschottland auf einen einheimischen Ursprung schloß. Als nachgerade verhängnisvoll sollte sich jedoch erweisen, daß Aubrey die Anlage deshalb den Kel-

Abb. 12: Stonehenge in der Vorstellung von Inigo Jones

ten zuwies, denn wie wir heute wissen, kann im Hinblick auf die Stein- und Bronzezeit von Kelten auf den Britischen Inseln noch keine Rede sein. In der Perspektive des ausgehenden 17. Jahrhunderts erscheint diese Zuweisung gleichwohl verständlich, denn zum einen enthält die antike Literatur keinerlei Hinweise auf eine vorkeltische Bevölkerung der Britischen Inseln, und zum anderen fehlten damals noch alle heute gängigen Möglichkeiten einer Datierung vorrömischer Bodendenkmäler. Dabei gilt es zu bedenken, daß man vor dem 19. Jahrhundert weder von den Erkenntnissen der Evolutionslehre noch denen der Geologie etwas wußte, so daß die historischen Kelten von der Sintflut, dem Ursprung der Menschheit im Garten Eden und selbst der Schöpfung kaum mehr als doppelt so weit entfernt schienen wie von der Gegenwart. Da die griechischen und lateinischen Autoren vergleichsweise ausführliche Angaben über die Rolle der Druiden als einer privilegierten Klasse keltischer Priester machen, äußerte Aubrey daher – mit aller gebotenen Vorsicht – die Vermutung, es könnte sich bei den Steinkreisen um die Tempel eben dieser Druiden handeln.

Von der Aufklärung zur Romantik

Zu den Altertumsforschern des 18. Jahrhunderts, die Aubreys Deutung mit Begeisterung aufgriffen, zählt der Arzt Dr. William Stukeley (1687–1765), der in den Jahren 1721–1724 in und um Stonehenge ausgedehnte Begehungen und topographische Messungen durchführte. Übertreffen Stukeleys vor Ort entstandene Aufzeichnungen alle früheren an Genauigkeit und Reichtum der Beobachtungen, so erscheint seine 1740 in Buchform veröffentlichte Deutung der Anlage gleichwohl überaus bizarr. Mit Hilfe gewaltsamer Textdeutungen und etymologischer Spekulationen versuchte der Altertumsforscher darin, Stonehenge als druidischen Tempel und die Religion der Druiden als legitimen Erben des biblischen Monotheismus und unmittelbaren Vorläufer der englischen Staatskirche seiner eigenen Zeit zu erweisen (vgl. Abbildung 13). Hier zeigt sich erstmals in vollem Umfang die seither immer wieder zu beobachtende Neigung neuzeitlicher Autoren, Stonehenge und vergleichbare vorgeschichtliche Bodendenkmäler gleichsam zur historischen Beglaubigung des eigenen religiösen Standpunkts heranzuziehen. Ein weiteres Beispiel dafür liefert Stukeleys älterer Zeitgenosse John Toland (1670–1722), der 1718/19 eine *Kritische Geschichte der keltischen Religion und Gelehrsamkeit* schrieb und darin die vorgeschichtlichen Steinsetzungen als stumme Zeugen eines druidischen Priestertrugs zu entlarven suchte. Infolge der Begeisterung des späten 18. und frühen 19. Jahrhunderts für alles tatsächlich oder vermeintlich Keltische setzte sich Stukeleys irrige Deutung – ungeachtet ihres geringen Alters, ihrer offensichtlichen Zeitbedingtheit und ihrer äußerst schmalen Quellengrundlage – binnen kurzer Zeit weithin durch, so daß die Silhouette von Stonehenge gerade in Deutschland noch heute den Schutzumschlag zahlreicher Bücher zu «keltischen» Themen ziert.

Abb. 13: Stonehenge und die Druiden in der Vorstellung von William Stukeley

Die Unverwüstlichkeit dieses romantischen Irrtums mag noch heute manchen Leser zu der trotzigen Frage herausfordern: «Warum soll denn nicht ...?» – recht hätte er. Doch die methodisch angemessene Frage lautet eben nicht, ob man einen Zusammenhang zwischen Stonehenge und den Druiden mit Sicherheit ausschließen kann, sondern ob es dafür irgendwelche positiven Anhaltspunkte gibt. Die aber fehlen durchaus, was um so schwerer wiegt, als man sie bei der vorhandenen Quellenlage durchaus erwarten würde. So etwa bieten die zahlreichen Passagen aus der Feder antiker Autoren in keinem einzigen Fall einen Hinweis auf die rituelle Nutzung vorgeschichtlicher Steinsetzungen durch die keltischen Priester. Auch die mittelalterlichen irischen Literaturwerke, die vorchristliche Druiden gelegentlich erwähnen, lassen nichts erkennen, was man in dieser Weise interpretieren könnte. Wo antike Autoren überhaupt druidische Kultstätten erwähnen, handelt es sich durchweg um naturbelassene Heilige Haine, was mit der Etymologie des keltischen Wortes für ein Heiligtum, *nemeton*, in Einklang steht. Im übrigen haben archäologische Untersuchungen namentlich des vergangenen Vierteljahrhunderts durchaus vielfältigen Aufschluß auf vorrömische keltische Heiligtumer insbesondere in Nordfrankreich erbracht. Diesen Ausgrabungen zufolge spielten Steinsetzungen zumindest in der Zeit, aus der uns Nachrichten über die Druiden vorliegen, in der keltischen Religion keine Rolle. Gelegentlich begegnet man der Auffassung, neuzeitliche Hinweise auf die – aus christlicher Sicht – abergläubische Nutzung vorgeschichtlicher Steinsetzungen seien als Belege für die Zählebigkeit vorgeschichtlicher ritueller Praktiken zu werten. Dem ist jedoch entgegenzuhalten, daß die zugrundeliegenden religiösen oder magischen Vorstellungen keineswegs sehr viel älter sein müssen als die frühesten uns vorliegenden Belege. Auch erscheint es durchaus möglich, daß einige der kirchlicherseits verurteilten und bekämpften Praktiken überhaupt erst durch kirchliche Verbote populär wurden und folglich allenfalls auf das frühe Mittelalter zurückgehen.

Abgesehen von diesen Überlegungen ist aber auch zu bedenken, daß die moderne Vorstellung von der zentralen Rolle der Druiden als *der* keltischen Priesterkaste schlechthin vielleicht nur auf der Einseitigkeit unserer antiken Autoren und ihrer neuzeitlichen Interpreten beruht: Gerade für Britannien gibt es außer einer berühmten Stelle bei Tacitus (*Annalen* 14,30) kaum schriftliche Belege für die Existenz von Druiden, und auch der

Archäologe tappt auf der Suche nach goldenen Sicheln oder vergleichbaren Indzien bis heute im dunklen.

Von der Romantik bis zur Gegenwart

Am Anfang der ausgedehnten neuzeitlichen Grabungen in und um Stonehenge steht der Altertumsforscher William Cunnington (1754–1810). Seine Untersuchungen bildeten eine wesentliche Grundlage der monumentalen *Ancient History of Wiltshire* (1812–1819) des Regionalhistorikers Sir Richard Colt Hoare (1758–1838). Sie bestätigten die Auffassung Stukeleys vom vorrömischen Ursprung der Anlage, gaben jedoch trotz der Vielzahl der untersuchten Bodendenkmäler – allein in der Umgebung von Stonehenge nahezu 200 – keinen Aufschluß auf ihr Alter. Dies lag teils an der selektiven Wahrnehmung der Ausgräber, die mit atemberaubender Geschwindigkeit die Erde nach museal verwertbaren Funden durchwühlten, teils am Fehlen einer relativen Chronologie. Zur gleichen Zeit, da in Dänemark Christian Jürgen Thomsen (1788–1865) die heute klassische Einteilung der Vorgeschichte in die drei aufeinanderfolgenden Perioden der Stein-, Bronze- und Eisenzeit begründete, faßte Sir Richard seinen Eindruck von Stonehenge in die klassischen Worte: «Wie großartig! Wie wunderbar! Wie unbegreiflich!»

Mit der Entzifferung der Hieroglyphen und der Keilschrift traten im weiteren Verlauf des 19. Jahrhunderts verstärkt das Alte Ägypten und die Hochkulturen des Zweistromlands in das Geschichtsbewußtsein Europas. In beiden Regionen lieferten noch vorhandene monumentale Skulpturen und zeitgenössische Abbildungen von deren Aufstellung den Nachweis, daß die Errichtung von Stonehenge keine Zauberei erforderte: Sie war allein mit der Muskelkraft von Menschen und Tieren sowie einfachen Hilfsmitteln wie Seilen, hölzernen Rollen und Schlitten zu bewerkstelligen. Erfolglos blieb indessen die Suche nach einer unmittelbar vergleichbaren Anlage, denn allen anderen bekannten Steinsetzungen fehlte entweder die charakteristische Kreisform oder die für Stonehenge typische Verbindung zugehauener, durch Spund und Zapfen miteinander verbundener Trag- und Decksteine. Für Aufregung sorgte eine kurze Zeit lang die Entdeckung nordafrikanischer monumentaler Trilithen durch den deutschen Forschungsreisenden Heinrich Barth (1821–1865). Sie gab alten Spekulationen über einen phönizischen Ursprung von Stonehenge vorübergehend neue Nahrung, doch erwiesen sich die vermeintlichen orientalischen Kultstätten in Tripolitanien bei näherer Untersuchung als Überreste römerzeitlicher Olivenpressen.

Eine neue Richtung der Stonehenge-Forschung eröffnete zu Beginn des 20. Jahrhunderts der Astronom Sir Norman Lockyer (1836–1920), der 1869 die angesehene Fachzeitschrift *Nature* gegründet hatte und 1885 zum weltweit ersten Professor für Astrophysik am Londoner Royal College of Science berufen worden war. Ausgehend von Beobachtungen an griechischen und ägyptischen Heiligtümern vermutete Lockyer wie schon Stukeley eine axiale Ausrichtung der Anlage auf den Sonnenaufgang zum Zeitpunkt der Sommersonnenwende hin. Mit Hilfe der – willkürlichen – Angleichung dieser nur zu vermutenden Achse an eine ideale Linie von Stonehenge zum nahegelegenen Sidbury Hill sowie der – ebenfalls willkürlichen – Annahme, die Sonne müsse zum Zeitpunkt der Errichtung des Steinkreises genau über dem Heel Stone aufgegangen sein, datierte der Astronom Stonehenge in die Zeit um 1680 v. Chr. Tatsächlich läßt sich die axiale Ausrichtung von Stonehenge für eine derartige Berechnung jedoch gar nicht genau genug bestimmen, so daß Lockyers Datierung sogleich als methodisch verfehlt verworfen wurde. Da er auch bei seiner Ermittlung vermeintlich astronomischer Ausrichtungen weiterer vorgeschichtlicher Denkmäler ähnlich unkritisch und willkürlich verfuhr, wurde sein Ansatz von professionellen Archäologen zunächst nicht weiter verfolgt.

Noch während Sir Norman sich in Spekulationen über den Zusammenhang zwischen vorgeschichtlichen Steinkreisen und den jahreszeitlichen Festen der britannischen Kelten erging, wurde der Archäologe William Gowland (1842–1922) damit betraut, den noch stehenden Stein des großen mittleren Trilithen

(Nr. 56) durch entsprechende Maßnahmen in dem ihn umgebenden Erdreich aus seiner gefährlich erscheinenden Schieflage wieder in die ursprüngliche aufrechte Position zu bringen. Diese Arbeiten wurden im Herbst 1901 erfolgreich abgeschlossen und ermöglichten dank der Sorgfalt des Ausgräbers eine Reihe grundlegender Beobachtungen. So etwa schloß Gowland aus den Funden verschiedener Steinwerkzeuge, entsprechender Bearbeitungsspuren und Spuren von Kupferkarbonat, daß die Sarsen-Steine im späten Neolithikum, am Übergang von der Jungsteinzeit zur Bronzezeit errichtet worden seien. Daß man einen der Blausteine (Nr. 68) in die teilweise wiederaufgefüllte Vertiefung für einen der Sarsen-Steine gesetzt hatte, wertete Gowland zu Recht als Beweis dafür, daß man zunächst die großen Trilithen und erst danach die Blausteine aufgestellt hatte.

Bereits 1824 war Stonehenge durch Kauf aus dem Besitz des Herzogs von Queensberry in den von Sir Edmund Antrobus gelangt, dessen letzter Erbe 1915 starb. Daraufhin ersteigerte ein örtlicher Grundbesitzer die Anlage, schenkte sie jedoch bereits drei Jahre später dem Staat. Als eine unmittelbare Folge davon beauftrage das Arbeitsministerium den Archäologen William Hawley (1861–1941) mit der Durchführung umfangreicher Sicherungsmaßnahmen, die mit ausgedehnten archäologischen Untersuchungen verbunden waren. In den Jahren 1919–1926 wurde mit unzureichenden Mitteln und ohne klare Zielsetzung ungefähr die Hälfte des Geländes ausgegraben, doch blieben die neuen Erkenntnisse nicht zuletzt infolge der unzulänglichen Grabungsberichte weit hinter den Erwartungen zurück. Immerhin gelang um die gleiche Zeit dem Geologen H. H. Thomas der Nachweis, daß die verwendeten Blausteine aus den südwalisischen Preseli-Bergen stammten, was nach mancherlei Zweifeln genau 80 Jahre später durch den Fund der Bogenschützen von Boscombe bestätigt werden sollte.

In den Jahren nach dem Ende des Zweiten Weltkriegs untersuchten die Archäologen Richard Atkinson (1920–1994) und Stuart Piggott (1910–1996) Stonehenge. Ihre Ausgrabungen begleiteten weitere Restaurierungen, in deren Gefolge einige in der Neuzeit umgestürzte oder in Schieflage geratene Steine wiederaufgerichtet und durch Einzementieren gesichert wurden. In dieser Zeit gewann man mit Hilfe der neuentdeckten Radiokarbon-Methode erstmals eine absolute Datierung der Anlage in die erste Hälfte des 2. Jahrtausends v. Chr. Darüber hinaus entdeckte man zwischen den zahlreichen neuzeitlichen Graffiti und Abnutzungsspuren einige sehr viel ältere Ritzungen, die Kenner als Abbildungen frühgriechischer Bronzedolche deuteten. Dies nährte in Verbindung mit archäologischen Theorien über mediterrane Kultureinflüsse in der Bronzezeit vorübergehend Spekulationen, die Errichtung von Stonehenge sei den gleichen frühgriechischen Baumeistern zuzuschreiben, welche die kyklopischen Mauern von Mykene mit dem berühmten Löwentor errichtet hatten. Die Begeisterung über diese neue Perspektive war jedoch kurzlebig, denn schon Mitte der 60er Jahre zeigten Fortschritte in der Radiokarbon-Datierung, daß die Steine in der Ebene von Salisbury sehr viel früher aufgestellt worden waren als die von Mykene und daß sich sowohl das Neolithikum als auch der Aus- und Umbau von Stonehenge sehr viel weiter in die Vergangenheit erstreckten, als man bis dahin angenommen hatte. Die Ähnlichkeit der erwähnten Steinritzung mit den Bronzedolchen aus Mykene beruht also entweder auf einem bloßen Zufall oder auf Kulturkontakten lange nach der Aufstellung der Steine. Im Zuge dieses Umdenkens wurden nun umgekehrt Zweifel daran laut, ob das konventionelle europäische Geschichtsbild mit seiner Fixierung auf die altorientalischen und mediterranen Kulturen als Wiege allen technologischen Fortschritts der vorgeschichtlichen Realität überhaupt gerecht werde.

Während die Archäologen so das Für und Wider äußerer Einflüsse als Ursache kulturellen Wandels erörterten, veröffentlichte der amerikanische Astronom Gerald Hawkins 1965 sein Buch *Stonehenge Decoded* (deutsch 1983 unter dem Titel *Merlin, Märchen und Computer: Das Rätsel Stonehenge gelöst?*). Es enthielt eine Deutung der Anlage, die das populäre Bild von Stonehenge fast ebenso nachhaltig beeinflussen sollte wie seinerzeit die Theorien William Stukeleys. Hatte man die Anlage bis dahin ganz allgemein als Kultstätte betrachtet, so sah Hawkins darin einen steinzeitlichen Computer zur Voraussage von Mondfinsternissen. Ausgehend von der Beobachtung, daß sich der nördlichste und südlichste Punkt des Mondaufgangs und Monduntergangs am östlichen bzw. westlichen Horizont über einen Zeitraum von 18,6 Jahren hinweg verändern – während die Sonne diese Veränderung innerhalb eines einzigen Jahres vollzieht – deutete Hawkins die 56 (= 18,61 × 3) Aubrey-Löcher als Vertiefungen zur Aufnahme beweglicher Markierungspflöcke. Mit ihrer Hilfe, so der Astronom, habe man Mondfinsternisse zwar nicht mit absoluter Sicherheit, aber doch mit hoher Wahrscheinlichkeit voraussagen können. Darüber hinaus glaubte Hawkins mit Hilfe der mathematischen Berechnungen eines IBM-Computers feststellen zu können, daß gerade Linien vom Mittelpunkt der Anlage durch die Lücken zwischen den Trilithen oder den Steinen des äußeren Steinkreises auf signifikante Punkte der Sonnen- und Mondbewegungen am Horizont hinwiesen.

Die Reaktion der Prähistoriker beleuchtet die vernichtende Besprechung des Buchs durch Richard Atkinson, der seinen Beitrag in der renommierten Zeitschrift *Antiquity* mit dem Titel *Moonshine* (englisch «Mondschein» und «Blödsinn») *on Stonehenge* versah. Wie der Archäologe feststellte, waren die von Hawkins postulierten Sichtlinien häufig so ungenau, daß sie die Frage nach ihrer Zufälligkeit aufwarfen. Darüber hinaus hatte Hawkins zu ihrer Ermittlung auch solche Vertiefungen im Erdreich herangezogen, die möglicherweise niemals irgend welche Steine oder Pflöcke enthalten hatten, sondern ebensogut natürlichen Ursprungs sein konnten. Schließlich wies Atkinson darauf hin, daß Hawkins' Deutung der Aubrey-Löcher im Widerspruch zum archäologischen Befund stand und außerdem der Kreis der Aubrey-Löcher durch die Errichtung der Stationssteine so gestört worden war, daß man die Löcher (zur Voraussage der Mondfinsternisse) und die Steine (zur Ermittlung signifikanter Punkte am Horizont) schwerlich als Bestandteil ein und derselben Anlage ansehen konnte. Hinzu kam eine weitere Schwierigkeit: Wenn die Zahl der Aubrey-Löcher (56) tatsächlich die von Hawkins postulierte astronomische Bedeutung hatten und auf langjähriger Beobachtung beruhten, weshalb konnte diese Zahl dann an keiner anderen vorgeschichtlichen Steinsetzung nachgewiesen werden?

Nahezu zeitgleich mit Gerald Hawkins hatte sich indessen noch ein weiterer Forscher auf die Suche nach möglichen astronomischen Funktionen vorgeschichtlicher Steinsetzungen begeben. Dies war der Schotte Alexander Thom (1894–1985), Professor für Ingenieurwesen in Oxford. Nach jahrzehntelangen Messungen an mehreren hundert Megalithen veröffentlichte er in einer Reihe von Artikeln im *Journal of the Royal Statistical Society* sowie in den beiden Büchern *Megalithic Sites in Britain* (1967) und *Megalithic Lunar Observatories* (1971) die Ergebnisse seiner Untersuchungen. Thom zufolge ließen die Abmessungen dieser Anlagen auf die Verwendung einer einheitlichen Maßeinheit schließen, die er als «megalithische Elle» (*megalithic yard*) mit einer Länge von 2,72 englischen Fuß oder 83 Zentimeter angab. Darüber hinaus glaubte er feststellen zu können, daß auch vermeintlich unregelmäßige Kreise bestimmte Regelmäßigkeiten aufwiesen und folglich als beabsichtigte Abweichungen zu deuten seien. Eine wesentliche Funktion der Steinsetzungen sah Thom ähnlich wie Hawkins in der Beobachtung der Sonne und des Mondes, wobei er im Fall Stonehenge von Sichtlinien zwischen dem Steinkreis als dem Beobachtungsmittelpunkt und mehreren markanten Bodendenkmälern in der näheren Umgebung ausging.

Fanden Thoms Ausdauer und sein Streben nach größtmöglicher mathematischer Genauigkeit die allgemeine Anerkennung der Archäologen und Prähistoriker, so gaben seine Schlußfolgerungen doch sogleich Anlaß zu kritischen Rückfragen. Konnte man die zumeist unbehauenen und oft nachträglich veränderten Steine überhaupt so genau vermessen? War es glaubhaft, daß kleinräumig organisierte Gesellschaften von Nordschottland bis in die Bretagne ein einheitliches Längenmaß verwendet haben sollten? War es statthaft, die – sei es beabsichtigten, sei es unbeabsichtigten – Abweichungen von der Kreisform ausgehend von zentimetergenauern Plänen auf Papier zu interpretieren, wo den Erbauern selbst diese Perspektive doch völlig fremd war? Konnte man wirklich annehmen, daß eine schriftlose Kultur exakte Beobachtungen über die Bewegungen des Mondes in einem Zeitraum von 18,6 Jahren hinweg getreu überlieferte, zumal das Wetter die Beobachtungen zweifellos mehrfach verhinderte und die allgemeine Lebenserwartung der Menschen so viel kürzer war als heute? Schließlich – und entscheidend –: Welche Funktion konnten solche exakten und weitreichenden Berechnungen für die Ackerbauer und Viehzüchter des Neolithikums und der frühen Bronzezeit überhaupt gehabt haben? Lag es nicht näher, von sehr viel grundlegenderen Beobachtungen zur Bestimmung der Jahreszeiten auszugehen?

Wenn es um die Deutungen von Stonehenge als eines Zentrums astronomischer Beobachtungen in letzter Zeit still geworden ist, liegt dies indessen nicht nur an den Vorbehalten der Archäologen. Verantwortlich dafür ist wohl auch die rasante Geschwindigkeit, mit der Computer zu einem Teil unserer alltäglichen Lebenswelt geworden sind und das blinde Vertrauen in den Nutzen mathematischer Berechnungen einer tiefgreifenden Skepsis und Fortschrittsmüdigkeit gewichen ist. Wirkten Hawkins' und Thoms Ideen in den 60er Jahren des 20. Jahrhunderts nahezu revolutionär, so erscheinen sie aus dem zeitlichen Abstand von vier Jahrzehnten heraus betrachtet fast schon antiquiert.

Was in den gut fünf Jahrzehnten seit Wiederaufnahme der Grabungen in Stonehenge an bleibenden Erkenntnissen gewonnen wurde, wird größtenteils der Archäologie und ihren Hilfswissenschaften verdankt. So entdeckte man bereits 1966 bei der Anlage des noch heute bestehenden Parkplatzes ungefähr 250 Meter nordwestlich des Mittelpunkts von Stonehenge drei große Pfostenlöcher, die jedoch mit Hilfe der Radiokarbon-Methode in die Mittlere Steinzeit datiert werden konnten und mit der Jahrtausende jüngeren jungsteinzeitlichen Anlage vermutlich nichts zu tun haben. 1978 stieß man im Zuge von Ausgrabungen unversehens auf das bronzezeitliche Grab eines Mannes, der durch mehrere Pfeilschüsse den Tod gefunden hatte. Wie die archäologische Untersuchung ergab, war der 1,78 Meter große Mann zum Zeitpunkt seines Todes ungefähr 25–30 Jahre alt, kräftig und bei guter Gesundheit. Die drei Pfeile, von denen einer das Herz durchbohrt und dadurch den Tod herbeigeführt hatten, waren vermutlich aus kurzer Entfernung von vorne, von hinten und von der Seite auf den Mann abgeschossen worden. Obschon die näheren Umstände nicht mehr rekonstruiert werden können, handelt es sich dabei also sehr wahrscheinlich um eine Hinrichtung oder ein Menschenopfer. 1979 entdeckte man unmittelbar neben dem Heel Stone eine große Vertiefung, in der ursprünglich vielleicht ein weiterer Stein gestanden hatte. Nachdem sich die Archäologen lange Zeit auf die Erforschung der zeremoniellen oder rituellen Aspekte von Stonehenge und benachbarter weiterer Anlagen konzentriert hatte, konnte man in den 80er Jahren im Rahmen des vom *Trust for Wessex Archaeology* durchgeführten *Stonehenge Environs Project* erstmals in größerem Umfang auch Siedlungsspuren nachweisen. Einen wesentlichen Erkenntnisfortschritt erbrachte 1995 die Veröffentlichung eines umfassenden Berichts über die Grabungen des 20. Jahrhunderts, der nicht zuletzt eine Neudatierung der Anlage aufgrund weiterer Radiokarbon-Messungen enthielt. Zu den spektakulärsten Funden der jüngsten Vergangenheit zählen zweifellos die Funde des *Amesbury Archer* (2002) und der *Boscombe Bowmen* (2003), deren Bedeutung im zweiten Kapitel des vorliegenden Buches beschrieben wurde.

2. Schriftsteller und Maler, Visionäre und Grübler

Wie das vorige Kapitel gezeigt haben dürfte, bildet die Forschungsgeschichte der letzten 300 Jahre die Grundlage unseres heutigen Wissens über Stonehenge, aber auch den Nährboden vieler noch heute gängiger Fehldeutungen, die losgelöst von ihren zeitbedingten Voraussetzungen in Dichtung, Malerei und Esoterik ein eigenständiges Leben führten und zum Teil noch immer führen. Um auch diesen Aspekt des Themas zu würdigen, sei der Blick zur Abrundung des Bildes abschließend auf diese kreativen Aufbereitungen des Themas gerichtet.

Literatur und Film

«Nach dem Bericht derjenigen, welche die alten Mythologien aufzeichneten – des Hekataios und einiger anderer –, gebe es im Ozean gegenüber den Ländern der Kelten eine Insel, nicht kleiner als Sizilien. [...] Auf der Insel gebe es auch einen prachtvollen heiligen Bezirk des Apollon und einen berühmten, mit zahlreichen Weihegaben geschmückten und der Form nach kreisrunden Tempel.»

So erzählte im 1. Jahrhundert v. Chr. der Historiker Diodor von Sizilien (*Bibliothek* 2,47,1–2) unter Berufung auf Hekataios von Abdera oder Teos (um 350–um 290 v. Chr.). Ob man diese Nachricht jedoch tatsächlich auf Stonehenge beziehen darf, erscheint mehr als fraglich, da Diodors Vorlage deutliche Übereinstimmungen mit weiteren Schilderungen märchenhafter Inseln in der griechischen Literatur aufweist und folglich in erster Linie innerhalb dieser Tradition gesehen werden muß. Davon abgesehen erscheint der zeitliche Abstand zwischen dem Werk des Hekataios und der rituellen Nutzung von Stonehenge rund anderthalb Jahrtausende zuvor kaum überbrückbar: Daß die oben zitierte Schilderung ältere Berichte etwa aus der mykenischen Zeit widerspiegeln könnte, erscheint letztlich ebenso unglaubhaft wie die Annahme, die Erinnerung an die rituelle Nutzung des Steinkreises hätte sich bei den Küstenanwohnern Britanniens noch bis in die Zeit der frühgriechischen Seefahrer gehalten. Namentlich genannt wird Stonehenge jedenfalls erst sehr viel später, nämlich um 1130 von dem englischen Geistlichen Henry von Huntingdon. Er erwähnt *Stanenges* in der Einleitung zu seiner lateinisch geschriebenen Geschichte Englands im Rahmen einer kleinen Aufzählung der stauenenswerten Denkmäler des Landes und stellt dabei ausdrücklich fest, daß niemand von der Bauweise und dem Zweck der Anlage eine Vorstellung habe.

Sehr viel ausführlicher äußerte sich nur wenige Jahre später Geoffrey von Monmouth (um 1100–1155), der in seiner *Geschichte der Könige Britanniens* den Bau der Anlage dem Zauberer Merlin zuschreibt: Geoffreys Darstellung zufolge hatten einst Riesen den von ihm als *chorea gigantum* (Riesenreigen) bezeichneten Steinkreis aus dem fernsten Afrika in das damals von ihnen bewohnte Irland gebracht. Auf Merlins Geheiß und mit seiner zauberischen Hilfe habe dann um 485 n. Chr. Uther Pendragon, der Bruder des britannischen Königs Aurelius Ambrosius, die Steine nach England geschafft. Dort, so Geoffrey, errichtete sie Merlin aufs neue als Mahnmal zum Gedenken an 460 britannische Edle, die im nahegelegenen Amesbury von den verräterischen Sachsen unter ihrem Anführer Hengist ermordet worden waren. Später seien dann sowohl Aurelius Ambrosius als auch sein Bruder und Nachfolger Uther Pendragon im Inneren des Steinkreises begraben worden.

Die Vermutung liegt nahe, daß Geoffrey sich bei dieser Deutung der Anlage von den Erfahrungen seiner eigenen Epoche leiten ließ: Auch Wilhelm der Eroberer hatte an der Stätte seines Sieges über den angelsächsischen König Harold bei Hastings 1066 ein Mahnmal in Gestalt der Abtei von Battle errichtet, und viele normannische Könige waren in von ihnen erbauten Kirchen beigesetzt worden. Andererseits: Könnte sich in der Erzählung von der zweifachen Versetzung des Steinkreises – von Afrika nach Irland und von Irland nach Wiltshire – darüber hinaus nicht auch die ferne Erinnerung an die Herkunft der Blausteine aus den walisischen Preseli-Bergen widerspiegeln? Die ältere Forschung hätte diese Möglichkeit vermutlich bereitwillig bejaht, doch ist die neuere Erzählforschung im Hinblick auf die Langlebigkeit der Erinnerung an geschichtliche Ereignisse weit weniger optimistisch, als es ältere Generationen im Geiste romantischer Kontinuitätstheorien gewesen sind. Wie dem auch sei, kaum zwanzig Jahre nach ihrem Erscheinen übertrug der anglonormannische Dichter Wace die «Geschichte der Könige Britanniens» ins Französische und machte sein höfisches Publikum dadurch mit der Bedeutung des Namens Stonehenge («hängende Steine») bekannt: *Stanhenges unt nun en angleis / Pieres pendues en franceis* (*Le Roman de Brut*, Z. 8177–8178). Noch im späten 16. und frühen 17. Jahrhundert erscheint die Erzählung um Merlin und Stonehenge in dem Versepos *The Faerie Queene* von Edmund Spenser und in dem Drama *The Birth of Merlin* von Thomas Rowley, nachdem Geoffrey von

Monmouth seine Glaubwürdigkeit bei den ernsthaften Historikern längst eingebüßt hatte.

In der zweiten Hälfte des 17. Jahrhunderts nahm sich John Dryden (1631–1700), führender Dichter und Dramatiker der Restaurationsepoche unter Karl II., des Steinkreises an. In einem Huldigungsgedicht bekannte er sich zu Dr. Walter Charletons Deutung der Anlage als Krönungsstätte der dänischen Könige Englands und feierte im überschwenglichen Stil der Zeit den tieferen Sinn der Fügung, daß Charles II. 1651 nach seiner Niederlage gegen Oliver Cromwell in der Schlacht bei Worcester an eben jenem Ort Zuflucht gefunden hatte, an der schon in alter Zeit der *genius loci* über die Könige Englands gewacht habe, und daß die «wahre» Bedeutung dieses Denkmals als Königsthron gerade jetzt, nach der Wiederherstellung der Monarchie, enthüllt worden sei.

Im 18. Jahrhundert entwickelte sich namentlich unter dem Einfluß William Stukeleys die noch heute geläufige Vorstellung von Stonehenge als einer Kultstätte keltischer Druiden. So phantasievoll die Ausführungen Stukeleys aber heute auch anmuten, gehören sie doch in den Bereich der Wissenschaftsgeschichte und nicht der Belletristik, die im Zeitalter des Rokoko für Stonehenge nur wenig Interesse aufbrachte. In der Literatur des 19. Jahrhunderts spielt Stonehenge ebenfalls keine herausragende Rolle und erscheint nur gelegentlich in heute meist zu Recht vergessenen Werken wie etwa dem dreibändigen historischen Wälzer *Stonehenge: or, the Romans in Britain. A romance of the days of Nero* von Malachi Mouldy (1842) oder in der für jugendliche Leser bestimmten Erzählung *Caldas: a Story of Stonehenge* von Julia Corner (1863).

Von zentraler – symbolischer – Bedeutung ist Stonehenge allein in dem erstmals 1891 erschienenen Roman *Tess of the d'Urbervilles* von Thomas Hardy (1840–1928). Angesiedelt im ländlichen Dorset zur Zeit der beginnenden Industrialisierung, schildert der Roman das tragische Schicksal der jungen Tess, die nach einer unglücklichen Ehe ihren ungeliebten Mann ermordet, mit ihrem Liebhaber flieht und nach einer kurzen Zeit des gemeinsamen Glücks auf der Flucht in Stonehenge von der Polizei gestellt und schließlich hingerichtet wird. Der Zusammenprall zwischen zeitlos-archaischer Welt und Moderne, der Gegensatz zwischen vorchristlichem und christlichem Menschenbild und nicht zuletzt die landläufige Vorstellung von Stonehenge als einer Opferstätte sind nur einige der Aspekte, die den Autor bei der Wahl des Schauplatzes bestimmt haben mögen. Die 1978/79 entstandene und mit drei Oscars preisgekrönte Verfilmung des Romans durch Roman Polanski mit Nastassja Kinski in der Titelrolle entstand übrigens aus juristischen Gründen nicht am Originalschauplatz, sondern in der Normandie, so daß das dramatische Finale in einer nachgebauten Kulisse gedreht werden mußte.

In der Stonehenge-Literatur des 20. und 21. Jahrhunderts dominiert der historische Roman, gelegentlich versetzt mit Elementen des Horror- und Fantasy-Genres. In der Bronzezeit spielen Cecelia Hollands *Pillar of the Sky* (1985, deutsch *Säule des Himmels*, 1987) und Bernard Cornwells *Stonehenge* (1999, deutsch 2001). Dagegen handelt Wolfgang Hohlbeins Roman *Die Druiden von Stonehenge* (1995) von Ereignissen zur Zeit des englischen Königs Richard Löwenherz, während Tom Hollands *Deliver us from Evil* (1997, deutsch *Die Botschaft des Vampirs*, 1998) das Zeitalter Oliver Cromwells zur Kulisse nimmt. Eine breit angelegte Familiensaga um Stonehenge verdanken wir Edward Rutherfurd, dessen Roman *Sarum* (1987, deutsch 1988) den Leser auf fast 1000 Seiten von den altsteinzeitlichen Jägern bis zur Gegenwart führt. Liebhaber des Kriminalromans seien hingewiesen auf A. H. Barkens *Murder at Stonehenge* (1997), und Freunde des Fantasy-Rollenspiels werden fündig in Fred Gravers *Journey to Stonehenge* (1984, deutsch *Das Rätsel von Stonehenge*, 1985). Daß auch das derzeit so beliebte Motiv der Zeitreise in der Literatur um den Steinkreis nicht fehlen darf, versteht sich von selbst, und so erfährt der Leser in dem 1997 erschienenen Cartoon *Wallace and Gromit and the Lost Slipper* von Tristan Davies und Nick Newman nicht nur die Wahrheit über die Schlacht von Hastings, sondern auch das genaue Entstehungsjahr von Stonehenge – selbstverständlich *BC* (*Before Cheese*).

Unter den Filmen mit Bezug zu Stonehenge sei an dieser Stelle noch der nachgerade zum Kultfilm avancierte Horror-Streifen *The Wicker Man* von Robin Hardy aus dem Jahr 1973 erwähnt. Er erzählt die Geschichte des schottischen Polizeioffiziers Howie (Edward Woodward), der sich auf der Suche nach einem vermißten Mädchen auf eine abgelegene Insel vor der schottischen Küste begibt und dort feststellen muß, daß die Bevölkerung unter der Führung des zwielichtigen Lord Summerisle (Christopher Lee) einem ebenso archaischen wie gewalttätigen Fruchtbarkeitskult frönt. Wie nicht anders zu erwarten, bezieht das Skript des renommierten Drehbuchautors Anthony Shaffer die heidnische Staffage aus einer Vielzahl höchst unterschiedlicher Quellen, darunter Iulius Caesars Buch *De Bello Gallico* und eine 1703 veröffentlichte Reisebeschreibung mit Schilderungen angeblich vorchristlicher Riten auf den Hebriden. Als optischer Hinweis auf den neolithischen Ursprung der orgiastischen Feiern dient einmal mehr eine prähistorische Steinsetzung, die bemerkenswerterweise mit ihrer charakteristischen Verbindung zwischen Trag- und Decksteinen eher an Stonehenge als an den Steinkreis von Callanish auf der Hebriden-Insel Lewis erinnert.

Bildende Kunst

Die frühesten bildlichen Darstellungen von Stonehenge findet man in zwei Handschriften des 14. Jahrhunderts. Die eine gibt im Rahmen einer Weltchronik ein Panorama der Anlage, die jedoch infolge des von waagerechten Linien und senkrechten Spalten ausgehenden Gestaltungszwangs vom Kreis zum Rechteck verzerrt erscheint; die andere zeigt einen hünenhaften Merlin, der unter den erstaunten Blicken zweier gerade einmal halb so großer Zeitgenossen mit bloßen Händen einen Deckstein auf zwei Tragsteine legt. Bemerkenswert ist schon die Existenz dieser Bilder, da mittelalterliche Darstellungen vorgeschichtlicher Denkmäler im allgemeinen sehr selten sind (vgl. Abbildung 14).

Die erste realistische Abbildung – und ausführliche Beschreibung – von Stonehenge verdanken wir dem in Ghent geborenen Künstler Lucas de Heere (1534–1584), der 1567 unter dem

Abb. 14: Stonehenge als Grabmal des Königs Aurelius Ambrosius (älteste bekannte Darstellung von Stonehenge in einer Handschrift des 14. Jahrhunderts)

Druck der Inquisition von Holland nach England floh und dort die Bekanntschaft des aus Antwerpen stammenden Malers und Dichters Joris Hoefnagel (1542–1601) machte. Es steht zu vermuten, daß de Heere gemeinsam mit Hoefnagel Stonehenge besichtigte, da sein Bild in der Wahl der Perspektive und Gestaltung des Vordergrunds stark an die topographischen Zeichnungen seines Landsmanns erinnert. Ausgeführt als Aquarell zur Illustration seiner 1573–75 verfaßten, nur handschriftlich überlieferten *Corte Beschryvinghe van England, Scotland, ende Irland*, zeigt de Heeres Bild den Steinkreis von einem leicht erhöhten Standpunkt im Nordwesten der Anlage, mit dem heute als Nr. 60 bezeichneten Tragstein in der Mitte des Ovals und den drei noch miteinander verbundenen Decksteinen Nr. 101–103 am linken Rand. Eine menschliche Gestalt neben dem Tragstein Nr. 60 und ein Reiter im Inneren der Anlage deuten die Größe der Anlage an. Am linken oberen Bildrand erkennt man im Hintergrund einen Erdwall, den de Heere in seiner beigegebenen Beschreibung als Überrest eines römischen Lagers deutet (vgl. Abbildung 15).

Eine unmittelbare Entsprechung findet de Heeres Bild in einem weiteren Aquarell, das man in der ebenfalls nur hand-

Abb. 15: Die erste realistische Darstellung von Stonehenge durch Lucas de Heere 16. Jh.

schriftlich überlieferten *Particular Description of England* von William Smith aus dem Jahr 1588 findet. Interessanterweise zeigt Smiths Aquarell jedoch abweichend vom Bild de Heeres im Bildhintergrund rechts die Spitze des Turms der Kathedrale von Salisbury, während der von de Heere den Römern zugeschriebene Wall im Bildhintergrund links bei Smith als Ziegelmauer erscheint. Das gleiche Mißverständnis begegnet in einem mit den Initialen «R. F.» signierten Stich aus dem Jahr 1575, der einerseits die gleiche Perspektive wie die Aquarelle von de Heere und Smith aufweist, andererseits jedoch einige der aufrecht stehenden Tragsteine eigentümlich gekrümmt darstellt, einige der Decksteine als nahezu runde, liegende Säulen abbildet und im Bildhintergrund links eine mittelalterliche Burg zeigt. Daß alle drei Bilder letztlich auf eine gemeinsame Vorlage zurückgehen, unterliegt angesichts der gleichartigen Perspektive, der erwähnten Mißverständnisse und einigen weiteren Übereinstimmungen im Detail kaum einem Zweifel, auch wenn sich der genaue Hergang und die zeitliche Reihenfolge nicht mehr rekonstruieren lassen.

1600 diente der von «R. F.» signierte Stich als Vorlage für die Abbildung des Steinkreises in dem erstmals 1586 erschienenen, später auch aus dem Lateinischen ins Englische übersetzten topographischen und altertumskundlichen Handbuch *Britannia* von William Camden (1551–1623). Durch das hohe Ansehen dieses Standardwerks gewann die erstmals bei de Heere bezeugte Ansicht des Steinkreises als Oval von einem leicht erhöhten Standpunkt im Nordwesten aus mit all ihren Ungenauigkeiten und Fehlern auf lange Zeit hin die größte Verbreitung. Sie findet sich unter anderem – mitsamt der in Wirklichkeit nicht vorhandenen zinnengekrönten Burg im Bildhintergrund links – noch in einem Aquarell von George Wood aus dem Jahr 1736.

Im weiteren Verlauf des 18. Jahrhunderts sollte die künstlerische Wahrnehmung des Steinkreises von gleich zwei vermeintlichen Entdeckungen entscheidend beeinflußt werden: der im vorigen Kapitel skizzierten Deutung megalithischer Steinsetzungen als Kultstätten keltischer Druiden durch Autoren wie John Aubrey und William Stukeley sowie der Veröffentlichung der sogenannten «Gedichte Ossians» durch James Macpherson (1736–1796). Erlaubten die Spekulationen der Altertumsforscher eine Verknüpfung der vorgeschichtlichen Denkmäler mit den antiken Kelten und der keltischsprachigen Bevölkerung der Britischen Inseln, so eröffnete die Verherrlichung des düsteren und windgepeitschten schottischen Hochlands in den «Gedichten Ossians» Literaten und Künstlern neue Möglichkeiten der Landschaftswahrnehmung und -darstellung.

Ein charakteristisches Beispiel für diese neue Sichtweise bietet das 1774 entstandene Gemälde *The Bard* von Thomas Jones (1742–1803), das heute im Walisischen Nationalmuseum in Cardiff zu sehen ist (vgl. Abbildung 16). Sein Gegenstand ist die walisische Sage von der Hinrichtung der walisischen Barden im Zuge der Eroberung des Landes durch den englischen König Edward I. im Jahr 1282. Seine unmittelbare Vorlage bildete jedoch keine mündliche Überlieferung, sondern die poetische Umsetzung des Stoffs durch den englischen Dichter Thomas

Abb. 16: Stonehenge in dem Gemälde The Bard von Thomas Jones aus dem Jahr 1774

Gray (1716–1771), in dessen 1757 veröffentlichter Ode *The Bard* der letzte walisische Barde den englischen König verflucht, bevor er sich beim Herannahen des englischen Heeres von einem Felsen hoch über dem Fluß Conway in die Tiefe stürzt. Jones' Gemälde zeigt den letzten walisischen Barden mit seiner Harfe unmittelbar vor dem Sprung in die Tiefe in einem antikisierenden Gewand vor dräuenden Wolken in einer felsigen Hochgebirgslandschaft mit nur wenigen windzerzausten Bäumen. Im Hintergrund rechts erkennt der Betrachter in der Ferne die vorrückenden englischen Truppen, im Hintergrund links – Stonehenge. Fünf Jahre zuvor hatte der Maler die Anlage besichtigt und ihre magische Wirkung auf den Betrachter nicht zuletzt der sie umgebenden wenig eindrucksvollen Landschaft zugeschrieben. Nun griff er auf diese Erfahrung zurück, um den zeitgenössischen Vorstellungen von einer ungebrochenen Kontinuität der walisischen Barden des Mittelalters mit den keltischen Druiden der Antike Ausdruck zu verleihen.

Im Januar 1797 stürzte der höchste der noch aufrecht stehenden Trilithen der hufeisenförmigen Steinsetzung im Innern von

Stonehenge nach starkem Schneefall und plötzlich einsetzendem Tauwetter zu Boden. Sein Sturz verschärfte für alle späteren Künstler das Problem, in einer Frontalansicht aus dem Gewirr der umgestürzten Steine den Aufbau der Anlage deutlich zu machen und gleichzeitig perspektivische Tiefe zu gewinnen. Hatte ein Künstler wie de Heere zur Bewältigung dieser Aufgabe bewußt einen erhöhten Standpunkt gewählt, so entschieden sich viele Landschaftsmaler des ausgehenden 18. und 19. Jahrhunderts – ebenso wie später viele Fotografen – in bewußtem Gegensatz dazu für einen besonders niedrigen Standpunkt, um den erhabenen Eindruck der wuchtigen Steine durch einen tiefen Horizont mit sich türmenden, gewaltigen Wolken zu verstärken.

Ein frühes Beispiel dafür bietet ein Gemälde von Henry Thomson (1773–1843). Es zeigt eine Mutter mit zwei kleinen Kindern, die auf der Flucht vor einem heraufziehenden Unwetter mit angstvoll nach oben gewendetem Blick über das freie Feld eilt, während der böig auffrischende Wind ihren Mantel bauscht und drohend zusammengeballte dunkle Wolken sich vor die Sonne schieben. Die gleichsam teilnahmslos unbeweglichen Steine von Stonehenge im Bildhintergrund rechts dienen hier wohl in erster Linie der Verstärkung des Gegensatzes zwischen atmosphärischer Urgewalt und menschlicher Ohnmacht.

Eines der bekanntesten Bilder von Stonehenge verdanken wir dem Landschaftsmaler John Constable (1776–1837), der die Anlage im Juli 1820 besuchte und zunächst nach seiner Gewohnheit vor Ort eine Bleistiftskizze anfertigte. Ungefähr 15 Jahre später schuf der Künstler ausgehend davon im Atelier eine zweite Skizze, die ihm als Vorstudie für zwei Aquarelle diente. Die dritte, endgültige Fassung wurde im September 1835 vollendet und im darauffolgenden Jahr in der Royal Academy ausgestellt (vgl. Abbildung 17). Sie zeigt die Steine von Stonehenge unter einem doppelten Regenbogen vor einem wolkenverhangenen Himmel, der über die Hälfte des Bildes einnimmt und in seiner Dramatik einen wirkungsvollen Gegensatz zu den reglosen Steinen bildet. Aus der 15 Jahre zuvor entstandenen Bleistiftskizze übernahm Constable die beiden mensch-

Abb. 17: Stonehenge in einem Aquarell von John Constable aus dem Jahr 1835

lichen Gestalten im Inneren des Steinkreises und den Planwagen im Bildhintergrund rechts. Im Bildvordergrund links fügte er nun noch einen davoneilenden Hasen hinzu, der ähnlich wie Regenbogen und Wolkenfetzen den Kontrast zwischen der Flüchtigkeit des hier festgehaltenen Augenblicks und der Unveränderlichkeit des vorgeschichtlichen Denkmals unterstreicht.

Schon vor Constable hatte sich sein um ein Jahr jüngerer Zeitgnosse Joseph Mallord William Turner (1775–1851) des Steinkreises angenommen. Um 1811 zeichnete er eine Ansicht der Anlage von der Straße nach Amesbury – der heutigen A 303 – aus. Sie diente als Vorstudie eines Gemäldes, auf dem die untergehende Sonne den ziehenden Abendwolken ihre eigentümliche Färbung verleiht, während man rechts am Horizont die Silhouette von Stonehenge und links davon die der abendlichen Postkutsche auf ihrem Weg nach Exeter sieht. Ein weiteres Gemälde Turners aus dem Jahr 1828 zeigt Stonehenge vor dunklen Wolkenmassen während eines gewaltigen Gewitters:

Abb. 18: Stonehenge in einem nach J. M. W. Turners Aquarell gearbeiteten Stich

Ein niederzuckender Blitz erleuchtet grell das Innere des Steinkreises, während ein Schäfer und einige Tiere seiner grasenden Herde von den Naturgewalten reglos zu Boden gestreckt erscheinen (vgl. Abbildung 18). Ein Bewunderer dieser Darstellung eines Unwetters war der einflußreiche viktorianische Kunstkritiker John Ruskin (1819–1900), der die atmosphärische Kraft des Bildes und seine Farbgebung lobte und in dem hier abgebildeten Blitzschlag ein Sinnbild für den Untergang des in Stonehenge verkörperten Heidentums der Druiden erblickte.

Die indirekt schon von Thomas Jones vollzogene Verbindungslinie zu den Druiden zog auch William Holman Hunt (1827–1910), ein Vertreter der von Ruskin so bewunderten und geförderten Präraffaeliten, die in der Abkehr von zeitgenössischen Kunststilen das Studium der Natur und die Rückkehr zu den Vorgängern Raffaels propagierten. Hunts Bild zeigt im Vordergrund eine Familie britannischer Christen, die in ihrer Hütte einem erschöpften Missionar Zuflucht gewährt, während eine fanatisierte Menge im Hintergrund einen weiteren Glaubensboten durch eine gepflegte englische Parklandschaft hetzt. Als Sinnbild des untergehenden Heidentums dient hier einmal mehr der Steinkreis von Stonehenge. Dagegen erinnert die friedliche Hütte der zukunftsorientierten britannischen Christen, deren durchbrochene Rückwand den Blick darauf freigibt, der sarkastischen Bemerkung des Archäologen Stuart Piggott zufolge eher an die Kulisse eines Krippenspiels.

Zu den bekanntesten und bedeutendsten neueren künstlerischen Gestaltungen des Steinkreises zählt zweifellos das 16 Lithographien umfassende «Stonehenge-Album», das der Maler und Bildhauer Henry Moore (1898–1986) in den 70er Jahren des 20. Jahrhunderts schuf. Die Vitalität und Kraft des Aufbaus, die Struktur des naturbelassenen Sandsteins und nicht zuletzt die Ursprünglichkeit des künstlerischen Ausdrucks mögen einige der Qualitäten gewesen sein, die den Künstler bei wiederholten Besuchen der Anlage zu dieser ebenso originellen wie eindrucksvollen Auseinandersetzung mit dem Original inspirierten.

Esoterik

Wie das Beispiel William Stukeleys zeigt, diente Stonehenge schon im 18. Jahrhundert zur Begründung und Rechtfertigung der jeweils eigenen weltanschaulichen Position – eine Tendenz, die sich in den darauffolgenden Jahrhunderten fortsetzen sollte. Ein prominentes frühes Beispiel dafür bietet Henry Browne, der nach dem Erwerb des Steinkreises durch Sir Edmund Antrobus 1824 als dessen erster Kurator fungierte. In seinem Hauptwerk *The Geology of Scripture* (Die Geologie der Heiligen Schrift) verwarf Browne in Anlehnung an die Theorien des Paläontologen William Buckland (1784–1856) die Evolutionslehre zugunsten der sogenannten Kataklysmen- oder Katastrophentheorie und deutete Stonehenge als ein vorsintflutliches Heiligtum aus der Zeit Noahs. Einige seiner Aquarelle der Anlage sind heute im Ashmolean Museum in Oxford zu sehen.

Eine neue Phase der religiösen Vereinnahmung des Steinkreises begann in den 20er Jahren des 20. Jahrhundertds, als der Hobbyarchäologe Alfred Watkins (1855–1935) in seinen Büchern *Early British Trackways* und *The Old Straight Track* die Theorie aufstellte, zahlreiche vorgeschichtliche Denkmäler seien durch schnurgerade Linien, von ihm so genannte *leys* oder *ley-lines*, miteinander verbunden. Augenscheinlich dachte Watkins dabei in erster Linie an reale Verbindungswege, doch popularisierte der auf seiner Darstellung aufbauende Autor John Michell (geb. 1933) in seinem 1969 veröffentlichten Buch *The View over Atlantis* im Unterschied dazu die Vermutung eines Zusammenhangs zwischen diesen Linien und erdmagnetischen Kraftfeldern. In den darauffolgenden, durch Zivilisationskritik, Zukunftsangst und den Rückgang kirchlich gebundener Religiosität geprägten Jahrzehnten gewann diese Auffassung zahlreiche Anhänger, schien sie doch den Beweis für eine ursprüngliche Fähigkeit des Menschen zur Harmonie mit dem Kosmos zu liefern. Zusätzlich verstärkt wurde die Faszination dieser Vorstellung durch die Annahme, diese Fähigkeit sei durch bestimmte Techniken wie etwa Wünschelrutengehen empirisch nachweisbar oder habe sich in bestimmten Zirkeln über die Jahrtausende hinweg bis in die Neuzeit gehalten. Das einmütige Kopfschütteln der Archäologen und Historiker wurde von vielen Anhängern dieser Auffassung als charakteristisches Kennzeichen vermeintlicher Verblendung und Beschränktheit mit einem Achselzucken quittiert.

Eine Übersicht über die Bedeutung von Stonehenge wäre unvollständig, enthielte sie nicht wenigstens einen Hinweis auf die neuzeitliche Nutzung der Anlage als Kulisse quasireligiöser Zeremonien. Bereits 1781 hatte Henry Hurle nach dem Vorbild der Freimaurer eine Geheimgesellschaft mit dem Titel *Ancient Order of Druids* gegründet. Als eine Abspaltung davon formierte sich 1839 der *United Order of Druids*, der auch in den Vereinigten Staaten und Australien Anhänger fand, während die ursprüngliche Bewegung in England unter dem alten Namen weiterbestand. In einer denkwürdigen, von der Polizei überwachten und von der Presse und zahlreichen Zuschauern mit Spannung verfolgten Zeremonie begaben sich am 24. August 1905 an die 700 Mitglieder des Ordens nach Stonehenge, um 256 Anwärter in aller Form in den Orden aufzunehmen. Eine

Abb. 19: Neo-Druiden in Stonehenge

Photographie der Zeit zeigt den Augenblick, da die Novizen mit verbundenen Augen durch ein Spalier weißgekleideter Druiden mit falschen Bärten und hoch erhobenen Sicheln zum Steinkreis schreiten. In den folgenden Jahrzehnten war die Anlage noch des öfteren Schauplatz neodruidischer Zeremonien, die sich auch nach der Umwandlung des *Ancient Order of Druids* zum *British Circle of the Universal Bond* (1955) und der Neugründung des *Secular Order of Druids* (1975) fortsetzten (vgl. Abbildung 19).

Zur Sommersonnenwende 1974 fand in Stonehenge das erste alternative *Free Festival* statt, das in den folgenden Jahren immer größere Besucherscharen anlockte, bis sich 1984 rund 70000 Teilnehmer rund um den Steinkreis einfanden. Am 1. Juni 1985 kam es jedoch im Vorfeld der Sonnenwendfeier zu gewaltsamen Zusammenstößen mit der Polizei, in deren Gefolge Stonehenge 15 Jahre lang an den religiös sensiblen Zeitpunkten des Jahres – den beiden Sonnenwenden und den Tagundnachtgleichen – gesperrt blieb. Zu Beginn des dritten Jahrtausends erwirkten die Anhänger alternativer Kulte jedoch unter Berufung auf den Grundsatz der freien Religionsausübung eine Aufhebung dieses Verbots. Begünstigt durch gutes Wetter und den Zusammenfall der Sommersonnenwende mit einem Wochenende fanden sich am 21. Juni 2003 erneut rund 30 000 Menschen in Stonehenge ein. Und als an diesem längsten Tag des Jahres die ersten Strahlen der aufgehenden Sonne durch die Bäume am östlichen Horizont brachen, wurden sie erneut – wie einst? – mit Pfeifen, Trommeln und Freudenrufen begrüßt.

IV. Rückblick und Ausblick

«Jedes Zeitalter», bemerkte die britische Archäologin Jacquetta Hawkes schon 1967 in einem seither oft zitierten Bonmot, «hat das Stonehenge, das es sich wünscht – oder das es verdient.» Was bliebe dem hinzuzufügen? Vielleicht «und das es braucht», denn das fortdauernde Interesse an Stonehenge und die ungebrochene Symbolkraft dieses Namens sind wohl mehr als nur ein Ausdruck unbelehrbaren Wunschdenkens: Ausdruck eines elementaren menschlichen Bedürfnisses, sich in der Gegenwart über die Vergangenheit zu vergewissern, um zuversichtlich in die Zukunft zu gehen. Dabei fällt auf, daß jedes Zeitalter mit seinen ihm eigenen Mitteln stets aufs neue die «eigentliche», «ursprüngliche» und «wahre» Bedeutung der Anlage zu finden hoffte. Doch die verständliche Begeisterung über jeden vermeintlich zielführenden Ansatz weicht der Ernüchterung spätestens dann, wenn man die mehr oder weniger scharfsinnigen Gedankenspiele nacheinander Revue passieren läßt und der zeitliche Abstand jede Theorie als getreues Spiegelbild der jeweiligen Zeitumstände entlarvt.

Gleichwohl wäre es verfehlt, angesichts dieser Einsicht in Resignation zu verfallen, denn die rund tausendjährige Geschichte der Beschäftigung mit Stonehenge hat neben Fehldeutungen und Irrtümern ja auch eine stattliche Anzahl zweifellos richtiger Einsichten und Erkenntnisse hervorgebracht. Darüber hinaus haben viele heute widerlegte Theorien durchaus einen positiven Beitrag dazu geleistet, bislang unzureichend berücksichtigte Aspekte schärfer zu beleuchten, ungelöste Probleme präziser als zuvor zu formulieren und neue Forschungsmethoden zu erproben: Daß man die Errichtung stein- und bronzezeitlicher Steinsetzungen nicht ohne weiteres den Kelten zuschreiben darf, erscheint heute zwar selbstverständlich, doch hat die Auseinandersetzung mit dieser – aus heutiger Sicht naiven – Übertragung antiker ethnographischer Deutungsmuster auf die europäische Vorgeschichte die ungleich differenziertere Sichtweise moderner Prähistoriker erst ermöglicht. Um noch zwei weitere Beispiele aus der neueren Forschungsgeschichte anzuführen: Auch wenn Gerald Hawkins' Deutung der Anlage als eines steinzeitlichen Computers nachgerade unhaltbar erscheint, hat seine provokative These doch viel dazu beigetragen, die Bedeutung astronomischer Beobachtungen für die Errichtung stein- und bronzezeitlicher Steinsetzungen neu zu überdenken, und selbst wenn die heute gängige These vom Einfluß gravierender Klimaschwankungen auf die Baugeschichte der Anlage sich einst im Rückblick als übetrieben erweisen sollte, hat sie doch zweifellos eine bislang wenig beachtete Überlegung erstmals in den Mittelpunkt wissenschaftlicher Untersuchungen gerückt.

Die ganze Tiefe der Bedeutung, die Stonehenge für seine Erbauer hatte, wird man wohl niemals ausloten können. Gleichwohl können Archäologie und Geschichte (im Sinne der Wissenschafts- und Rezeptionsgeschichte) den modernen Sucher auf seinem Weg zumindest ein Stück weit begleiten und vor Sackgassen, Um- und Irrwegen warnen. Daß hier jedoch auch die Zukunft mit neuen Entdeckungen und verfeinerten Untersuchungsmethoden noch manche Überraschung bereithalten dürfte, lehren nicht zuletzt die Grabfunde von Amesbury und Boscombe, die 2002–2003 die Theorien um die Entstehung von Stonehenge um neue Perspektiven bereichert haben. Auf diese Zukunft hin orientiert sind nicht zuletzt das derzeit noch in Planung befindliche *Stonehenge Visitors Centre* und ein umstrittener Straßentunnel, die den nicht abreißen wollenden Strom der Besucher in den nächsten Jahrzehnten kanalisieren sollen.

Neben diesen Erwägungen sei jedoch nicht vergessen, daß die «ursprüngliche» Bedeutung von Stonehenge ohnehin keineswegs identisch ist mit seiner «eigentlichen» Bedeutung: Die «wahre» oder vielleicht besser «volle» Bedeutung und unmittelbare Relevanz des Steinkreises für uns Heutige ergibt sich vielmehr erst aus der Summe all dessen, was er – ganz unabhängig von den Gedanken und Absichten der Erbauer und ihrer Zeitgenossen – in den über 4000 Jahren seit seiner Entstehung für zahllose Menschen über alle Veränderungen und Umbrüche der Geschichte hinweg bedeutet hat und noch immer bedeutet. Weit mehr als ihr «ursprünglicher» Sinn und Zweck rechtfertigt diese wahrlich welthistorische Bedeutung der Anlage ihre 1986 vollzogene Aufnahme in das Weltkulturerbe der Menschheit.

V. Anhang

I. Weiterführende Literatur

Barclay, Alistair und Jan Harding (Hrsg.), *Pathways and Ceremonies. The Cursus Monuments of Britain and Ireland*, Oxford 1999.

Beinhauer, Karl W. (Hrsg.), *Studien zur Megalithik. Forschungsstand und ethnoarchäologische Perspektiven*, Mannheim 1999.

Bender, Barbara u. a., *Stonehenge. Making Space*, Oxford 1998.

Bradley, Richard, *The Significance of Monuments. On the shaping of human experience in Neolithic and Bronze Age Europe*, London 1998.

Burl, Aubrey, *The Stonehenge People*, London 1987.

Ders., *From Carnac to Callanish. The Prehistoric Stone Rows and Avenues of Britain, Ireland and Brittany*, New Haven 1993.

Ders., *A Guide to the Stone Circles of Britain, Ireland and Brittany*, New Haven 1995.

Ders., *Great Stone Circles. Fables, Fictions, Facts*, New Haven 1999.

Castleden, Rodney, *The Stonehenge People. An Exploration of Life in Neolithic Britain, 4700–2000 BC*, London 1987.

Ders., *The Making of Stonehenge*, London 1993.

Chippindale, Christopher, *Stonehenge Complete*, 2. Aufl., London 1994.

Cleal, Rosamund M. J., K. E. Walker und R. Montague, *Stonehenge in its Landscape: the twentieth-century excavations*, London 1995.

Cunliffe, Barry und Colin Renfrew (Hrsg.), *Science and Stonehenge*, London 1998.

Darvill, Timothy und Julian Thomas (Hrsg.), *Neolithic Enclosures in Atlantic Northwest Europe*, Oxford 2001.

Ders. und Caroline Malone (Hrsg.), *Megaliths from Antiquity*, Cambridge 2003.

Exon, Sally, *Stonehenge landscapes. Journeys through real-and-imagined worlds*, Oxford 2000.

Gibson, Alex M., *Stonehenge and Timber Circles*, Stroud 2000.

Harding, Jan, *Henge Monuments of the British Isles*, Stroud 2003.

Haycock, David Boyd, *William Stukeley. Science, religion, and archaeology in eighteenth-century England*, Woodbridge 2002.

Hutton, Ronald, *The Pagan Religions of the Ancient British Isles. Their Nature and Legacy*, Oxford 1991.

Joussaume, Roger, *Des dolmens pour les morts. Les megalithismes à travers le monde*, Paris 1985.

Ders., *Les charpentiers de la pierre. Monuments mégalithiques dans le monde*, Paris 2003.

Malone, Caroline, Nancy Stone Bernard, Brian Fagan und Kay Almere Read, *Stonehenge*, Oxford 2002.
Mohen, Jean-Pierre, *Megalithkultur in Europa*, Stuttgart 1989.
Ders., *Cultes et rites mégalithiques. Les sociétés néolithiques de l'Europe du nord*, Paris 2003.
North, John David, *Stonehenge. A New Interpretation of Prehistoric Man and the Cosmos*, London 1996.
Piggott, Stuart, *William Stukeley. An Eighteenth-Century Antiquary*, New York 1985.
Ders., *Ancient Britons and the Antiquarian Imagination. Ideas from the Renaissance to the Regency*, London 1989.
Pitts, Mike, *Hengeworld. Life in Britain 2000 BC as revealed by the latest discoveries at Stonehenge, Avebury and Stanton Drew*, London 2001.
Renfrew, Colin (Hrsg.), *The Megalithic Monuments of Western Europe*, London 1983.
Richards, Julian, *The Stonehenge Environs Project*, London 1990 (English Heritage Archaeological Report 16).
Ders., *English Heritage Book of Stonehenge*, London 1991.
Ruggles, Clive, *Astronomy in Prehistoric Britain and Ireland*, New Haven 1999.
Scarre, Christopher (Hrsg.), *Monuments and Landscape in Atlantic Europe. Perception and Society during the Neolithic and early Bronze Age*, London 2002.
Sherratt, Andrew, «The Transformation of Early Agrarian Europe: The Later Neolithic and Copper Ages 4500–2500 BC», in: Barry Cunliffe (Hrsg.), *The Oxford Illustrated Prehistory of Europe*, Oxford 1994, S. 167–201.
Thomas, Julian, *Understanding the Neolithic*, London 1999.
Wainwright, Geoffrey, *The Henge Monuments. Ceremony and Society in Prehistoric Britain*, London 1989.
Walkowitz, Jürgen E., *Das Megalithsyndrom. Ein Phänomen des Neolithikums*, Langenweißbach 2003.
Warthington, Andy, *Stonehenge. Celebration and Subversion*, Loughborough 2004.
Zylmann, Detert, *Das Rätsel der Menhire*, Mainz-Kostheim 2003.

2. Register

3. Bildnachweis

Abb. 1:	Nach Christopher Chippindale, Stonehenge Complete, Thames & Hudson, London 1983, S. 9.
Abb. 2 u. 3:	Aus Rodney Castleden, The Making of Stonehenge, Routledge, London 1993, S. 119, 161, 162.
Abb. 4:	Aus Rodney Castleden, The Stonehenge People. An Exploration of Life in Neolithic Britain 4700–2000 BC, Routledge, London 1987, S. 140.
Abb. 5 u. 6:	Zeichnungen Jayne Brayne © Wessex Archaeology Ltd.
Abb. 7, 8, 10:	akg-images/Erich Lessing, Berlin.
Abb. 9:	akg-images/Rainer Hackenberg, Berlin.
Abb. 11	akg-images/Jürgen Sorges, Berlin.
Abb. 12:	Aus Aubrey Burl, The Stonehenge People, London, 1987, J. M. Dent & Sons, S. 82.
Abb. 13:	Bodleian Library, Oxford, MS Top. Gen. b. 53, fol. 36v.
Abb. 14:	The Master and Fellows of Corpus Christi College, Cambridge, CCC MS 194, fol. 57r.
Abb. 15:	British Library, London, Add. MS 2833, fol. 36.
Abb. 16:	National Museum of Wales, Cardiff.
Abb. 17:	The Art Archive/Victoria & Albert Museum London/ Sally Chappell.
Abb. 18:	British Museum, London.
Abb. 19:	Photo Malcolm Murray, aus Stuart Piggott, The Druids, Thames & Hudson, London 1968, Abb. Nr. 35.
Vorderer Vorsatz:	Susanne Handtmann, Erlangen.
Hinterer Vorsatz:	Angelika Solibieda, cartomedia, Karlsruhe.

Geschichte in der Reihe C.H.Beck Wissen

Dieter Hertel
Troia
Archäologie, Geschichte, Mythos
2., durchgesehene Auflage. 2002.
128 Seiten mit 16 Abbildungen. Paperback
(C. H. Beck Wissen in der Beck'schen Reihe Band 2166)

Thomas Höllmann
Die Seidenstrasse
2004. 128 Seiten mit 17 Abbildungen und 1 Karte. Paperback
(C. H. Beck Wissen in der Beck'schen Reihe Band 2354)

Peter Jánosi
Die Pyramiden
Mythos und Archäologie
2004. 127 Seiten mit 15 Abbildungen
und 1 Karte. Paperback
(C. H. Beck Wissen in der Beck'schen Reihe Band 2331)

Berthold Riese
Machu Picchu
Die geheimnisvolle Stadt der Inka
2004. 116 Seiten mit 24 Abbildungen. Paperback
(C. H. Beck Wissen in der Beck'schen Reihe Band 2341)

Hermann A. Schlögl
Das Alte Ägypten
2., durchgesehene Auflage. 2005.
144 Seiten mit 2 Karten. Paperback
(C. H. Beck Wissen in der Beck'schen Reihe Band 2305)

Reinhard Wolters
Die Römer in Germanien
4., aktualisierte Auflage. 2004.
128 Seiten mit 16 Abbildungen,
davon 7 Karten. Paperback
(C. H. Beck Wissen in der Beck'schen Reihe Band 2136)

C.H.BECK WISSEN
in der Beck'schen Reihe

Zuletzt erschienen:

2209: Rexroth, **Beethovens Symphonien**
2307: Rexroth, **Deutsche Geschichte im Mittelalter**
2340: Schwerhoff, **Die Inquisition**
2341: Riese, **Machu Picchu**
2342: Parzinger, **Die Skythen**
2343: Halm, **Die Araber**
2344: von Brück, **Zen**
2345: Müller, **Doping**
2346: Fritzsch, **Elementarteilchen**
2347: Thamer, **Die Französische Revolution**
2348: Schwertheim, **Kleinasien in der Antike**
2349: Jursa, **Die Babylonier**
2350: Chaniotis, **Das antike Kreta**
2351: Müller, **Berg Athos**
2352: Rudolph, **Islamische Philosophie**
2353: Böhm, **Geschichte der Pädagogik**
2354: Höllmann, **Die Seidenstraße**
2355: Tuchtenhagen, **Geschichte der baltischen Länder**
2356: Hösch, **Geschichte des Balkans**
2357: Alt, **Friedrich Schiller**
2358: Halm, **Die Schiiten**
2359: Braun, **Die 101 wichtigsten Erfindungen der Weltgeschichte**
2360: Schön, **Pilze**
2361: Wirsching, **Paar- und Familientherapie**
2363: Müller-Beck, **Die Eiszeiten**
2365: Hutter, **Die Weltreligionen**
2367: Schmidt-Glintzer, **Der Buddhismus**
2368: Ulrich, **Stalingrad**
2369: Vocelka, **Österreichische Geschichte**
2370: Stausberg, **Zarathustra**
2371: Schmidt, **Das politische System der Bundesrepublik Deutschland**
2372: Ehrismann, **Das Nibelungenlied**
2373: Schrenk/Müller, **Die Neandertaler**
2374: Selz, **Sumerer und Akkader**
2375: Kolb, **Der Frieden von Versailles**
2376: Gruber, **Wolfgang Amadeus Mozart**
2377: Maier, **Stonehenge**
2378: Wolf, **Die UNO**
2379: Demel, **Der europäische Adel**
2380: Theml, **Krebs und Krebsvermeidung**
2381: Wuketits, **Darwin und der Darwinismus**
2383: Auffarth, **Die Ketzer**
2384: Bannenberg/Rössner, **Kriminalität in Deutschland**
2386: Möhring, **Saladin**
2387: Dickmann, **Pompeji**
2500: Rümelin, **Paul Klee**
2501: Busch, **Adolph Menzel**